VII

CURSO DE
DIREITO CIVIL

Direito das Sucessões

Álvaro Villaça Azevedo

VII

CURSO DE
DIREITO CIVIL

Direito das Sucessões

2019

ISBN 978-85-53605-41-5

DADOS INTERNACIONAIS DE CATALOGAÇÃO NA PUBLICAÇÃO (CIP)
ANGÉLICA ILACQUA CRB-8/7057

Azevedo, Álvaro Villaça
  Curso de direito civil : direito das sucessões / Álvaro Villaça Azevedo. – São Paulo : Saraiva Educação, 2019.
  (Curso de direito civil ; v. 7)

1. Direito civil - Brasil 2. Herança e sucessão I. Título.

18-1632   CDU 347(81)

Índice para catálogo sistemático:
1. Brasil : Direito civil   347(81)

SOMOS EDUCAÇÃO | saraiva jur

Av. das Nações Unidas, 7.221, 1º andar, Setor B
Pinheiros – São Paulo – SP – CEP 05425-902

SAC | 0800-0117875
De 2ª a 6ª, das 8h às 18h
www.editorasaraiva.com.br/contato

Direção executiva	Flávia Alves Bravin
Direção editorial	Renata Pascual Müller
Gerência editorial	Roberto Navarro
Consultoria acadêmica	Murilo Angeli Dias dos Santos
Edição	Eveline Gonçalves Denardi (coord.)
	Daniel Pavani Naveira
Produção editorial	Ana Cristina Garcia (coord.)
	Luciana Cordeiro Shirakawa
	Rosana Peroni Fazolari
Arte e digital	Mônica Landi (coord.)
	Claudirene de Moura Santos Silva
	Fernanda Matajs
	Guilherme H. M. Salvador
	Tiago Dela Rosa
	Verônica Pivisan Reis
Planejamento e processos	Clarissa Boraschi Maria (coord.)
	Juliana Bojczuk Fermino
	Kelli Priscila Pinto
	Marília Cordeiro
	Fernando Penteado
	Mônica Gonçalves Dias
	Tatiana dos Santos Romão
Novos projetos	Fernando Alves
Projeto gráfico	Fernanda Matajs
Diagramação e revisão	Microart Design Editorial
Capa	Mônica Landi
Pintura de capa	Arco de Tito
	Evelina Villaça
	2018
	Técnica mista, 100 x 180 cm
Produção gráfica	Marli Rampim
	Sergio Luiz Pereira Lopes
Impressão e acabamento	Corprint

Data de fechamento da edição: 30-11-2018

Dúvidas? Acesse www.editorasaraiva.com.br/direito

Nenhuma parte desta publicação poderá ser reproduzida por qualquer meio ou forma sem a prévia autorização da Editora Saraiva. A violação dos direitos autorais é crime estabelecido na Lei n. 9.610/98 e punido pelo art. 184 do Código Penal.

CL 605457   CAE 630901

OBRAS PUBLICADAS

1. *Curso de direito civil*: teoria geral do direito civil: parte geral. 2. ed. São Paulo: Saraiva, 2019.
2. *Curso de direito civil*: teoria geral das obrigações e responsabilidade civil. 13. ed. São Paulo: Saraiva, 2019.
3. *Curso de direito civil*: teoria geral dos contratos típicos e atípicos. 4. ed. São Paulo: Saraiva, 2019.
4. *Curso de direito civil*: contratos. São Paulo: Saraiva, 2019.
5. *Curso de direito civil*: direito das coisas. 2. ed. São Paulo: Saraiva, 2019.
6. *Curso de direito civil*: direito de família. 2. ed. São Paulo: Saraiva, 2019.
7. *Curso de direito civil*: direito das sucessões. São Paulo: Saraiva, 2019.
8. *Código Civil comentado*. Coord. Álvaro Villaça Azevedo. Negócio jurídico. Atos jurídicos lícitos. Atos ilícitos. São Paulo: Atlas, 2003. v. 2 (arts. 104 a 188).
9. *Código Civil comentado*. Com Gustavo René Nicolau. Coord. Álvaro Villaça Azevedo. Das pessoas e dos bens. São Paulo: Atlas, 2007. v. 1 (arts. 1º a 103).
10. *Estatuto da família de fato*. 3. ed. São Paulo: Atlas, 2011.
11. *Código Civil anotado e legislação complementar*. Com Sílvio de Salvo Venosa. São Paulo: Atlas, 2004.
12. *Comentários ao Código Civil*. Coord. Antonio Junqueira de Azevedo. Do bem da família, da união estável; da tutela e da curatela. São Paulo: Saraiva, 2003. v. 19 (arts. 1.711 a 1.783).
13. *Comentários ao novo Código Civil*. Coord. Sálvio de Figueiredo Teixeira. Das várias espécies de contrato. Da compra e venda. Do compromisso de compra e venda. 2. ed. Rio de Janeiro: Forense, 2012. v. VII (arts. 481 a 532).
14. *Exercícios práticos de direito civil*: teoria geral das obrigações. 4. ed. Belém: Cejup, 1987.
15. *Bem de família*: com comentários à Lei 8.009/90. 6. ed. São Paulo: Atlas, 2010.
16. *Dever de coabitação, inadimplemento*. 2. ed. São Paulo: Atlas, 2009.
17. *Contratos inominados ou atípicos e negócio fiduciário*. 3. ed. Belém: Cejup, 1988.
18. *Tratado da locação predial urbana*. Com Rogério Lauria Tucci. São Paulo: Saraiva, 1988. 2 v.
19. *Direito privado*: casos e pareceres. Belém: Cejup, 1986. v. 1; 1988. v. 2; 1989. v. 3.
20. *Do concubinato ao casamento de fato*. 2. ed. Belém: Cejup, 1987.
21. *Prisão civil por dívida*. 3. ed. São Paulo: Revista dos Tribunais, 2012.
22. Negócio fiduciário. *Revista Trimestral de Direito Privado*. São Paulo: Recta, ano 1, v. 1, p. 25-81, 1970.
23. 295 verbetes na *Enciclopédia Saraiva de Direito*. São Paulo: Saraiva, 1977-1982 (78 v.).

SUMÁRIO

Obras publicadas 5

Prefácio 13

1. **Direito das sucessões – Generalidades** 15
   1. Localização no Código Civil 15
   2. Breve notícia histórica 15
   3. Sentidos da palavra sucessão 16
   4. Fundamento do direito sucessório 17
   5. Conteúdo e conceito do direito sucessório 17

2. **Sucessão em geral – Disposições gerais** 18
   1. Transmissão da herança e da posse 18
   2. Lugar da abertura sucessória 19
   3. Espécies de sucessão 19
   4. Pactos sucessórios 20
   5. Lei vigente da abertura sucessória 22
   6. Inconstitucionalidade do art. 377 do Código Civil de 1916 23

3. **Herança e sua administração** 26
   1. Herança como um todo unitário. Indivisibilidade 26
   2. Responsabilidade dos herdeiros 26
   3. Cessão de direitos hereditários 27
   4. Herdeiros necessários e liberdade de testar 28
   5. Cálculo da legítima e da cota disponível 29
   6. Cláusulas restritivas à legítima 29
   7. Abertura de inventário 30
   8. Nomeação de inventariante 30

4. **Vocação hereditária** 32
   1. Direito romano 32
   2. Introdução 32

3	Legitimação para suceder	32
4	Falta de legitimação para suceder	34

5. Aceitação e renúncia da herança ... 36
1	Aceitação e espécies	36
2	Renúncia	36
3	Normas quanto à aceitação e à renúncia	37

6. Exclusão da sucessão por indignidade ... 39
1	Conceito e casos	39
2	Reabilitação do indigno	41
3	Efeitos da indignidade	41

7. Herança jacente e vacante ... 42
1	Conceito de herança jacente	42
2	Tramitação	42
3	Declaração de vacância	43

8. Petição de herança ... 44
1	Conceito	44
2	Natureza e efeito da sentença	44
3	Herdeiro aparente	45
4	Prescrição	45

9. Sucessão legítima ... 47
1	Fundamento	47
2	Ordem da vocação hereditária	47
3	Sucessão do cônjuge e do(a) companheiro(a) e do(a) parceiro(a)	48
4	Sucessão dos descendentes	49
5	Sucessão dos ascendentes	50
6	Sucessão do cônjuge do(a) companheiro(a) ou do(a) parceiro(a) sobrevivente	51
7	Sucessão dos colaterais	51
8	Sucessão do Estado	52

10. Direito de representação ... 53
1	Conceito	53
2	Tabela dos graus de parentescos	54
3	Requisitos do direito de representação	55
4	Representação na linha reta descendente e na colateral	55
5	Efeitos da representação	55

11. Sucessão testamentária ... 56
    1   Conceito de testamento e sua natureza ... 56
    2   Capacidade de testar ... 57
    3   Captação da vontade do testador como causa anulatória do testamento ... 58

12. Formas de testamento ... 59
    1   Generalidades ... 59
    2   Formas de testamento ... 60
    3   Testamento público ... 60
    4   Testamento cerrado ... 62
    5   Testamento particular ... 63
    6   Codicilo ... 64
    7   Testamento marítimo e aeronáutico ... 65
    8   Testamento militar ... 65
    9   Testemunhas testamentárias ... 66

13. Disposições testamentárias em geral ... 69
    1   Generalidades ... 69
    2   Nomeação de herdeiro ou legatário ... 69
    3   Nulidades de disposições testamentárias ... 71
    4   Interpretação dos testamentos ... 72
    5   Ineficácia das disposições testamentárias ... 75
    6   Cláusulas restritivas ... 76

14. Legados ... 77
    1   Noções e objeto da herança e dos legados ... 77
    2   Espécie de legado ... 77
    3   Efeitos do legado e seu pagamento ... 79
    4   Caducidade dos legados ... 81

15. Direito de acrescer entre herdeiros e legatários ... 83
    1   Conceito ... 83
    2   Espécies de acrescimento ... 83
    3   Legado de usufruto ... 84

16. Substituições ... 85
    1   Conceito ... 85
    2   Espécies ... 85
    3   Fideicomisso ... 86
    4   Fideicomisso *inter vivos* ... 87

5	Substituição compendiosa	88
6	Figurantes	89
7	Caducidade do fideicomisso	90
8	Nulidade do fideicomisso	90

17. Deserdação 92
    1   Conceito 92
    2   Causas de deserdação 92

18. Redução das disposições testamentárias 94
    1   Conceito 94
    2   Redução nas doações inoficiosas feitas pelo falecido 95
    3   Legado de imóvel indivisível 95

19. Revogação e rompimento dos testamentos 96
    1   Conceito 96
    2   Espécies de revogação 96
    3   Rompimento de testamento 97

20. Testamenteiro 99
    1   Conceito 99
    2   Espécies de testamenteiro 99
    3   Vintena 100

21. Inventário 102
    1   Conceito 102
    2   Espécies 102
    3   Inventário judicial 103
    4   Inventário negativo 104
    5   Inventariante e declarações 104

22. Sonegados 106
    1   Conceito 106
    2   Pena civil 106
    3   Ação de sonegados 107

23. Pagamento das dívidas 108

24. Partilha em vida 109
    1   Possibilidade 109
    2   Desnecessidade de colação 110
    3   Critérios de valoração dos quinhões 112

4	Cálculo da parte disponível e da legítima	113
5	Cláusulas de usufruto vitalício, de inalienabilidade, de impenhorabilidade e de incomunicabilidade	115
6	Direito de voto, ante as aludidas cláusulas restritivas sobre quotas de sociedade	117

25. Colação ... 119

1	Conceito	119
2	Valor da colação	119
3	Dispensa de colação	120
4	Redução das doações	121
5	Renunciante ou excluído da herança	121
6	Representação do donatário	122
7	Gastos não sujeitos à colação	122
8	Doação por ambos os cônjuges, companheiros e parceiros	123

26. Doação remuneratória ... 124

1	Conceito	124
2	Personalismo nas sociedades por cotas e nas anônimas de capital fechado	126
3	Doações de cotas e de ações de sociedade comercial pelos titulares, validamente feitas	127
4	Desnecessidade de colação e critério de valoração das cotas dos donatários	128
5	Aplicabilidade das normas de direito comercial	129

27. Partilha ... 132

1	Conceito	132
2	Espécies	132
3	Outras regras	133
4	Sobrepartilha	134

28. Garantia dos quinhões hereditários ... 135

1	Efeito declaratório ou declarativo da partilha	135
2	Responsabilidade pela evicção	135

29. Anulação da partilha ... 137

1	Casos de anulação da partilha amigável	137
2	Prazos de prescrição	137

Referências bibliográficas ... 139

PREFÁCIO

Meus alunos,

As presentes lições mostram o Direito Civil por meio de esquemas, nas quais está demonstrada, com muita simplicidade, a substância indispensável da matéria central da Ciência do Direito Obrigacional.

Nessas modestíssimas lições, não me moveu intuito de retratar erudição ou pesquisas mais aprofundadas, a não ser o resultado destas num plano acessível.

É como se, na Faculdade de Direito, estivesse a nós, professores e alunos, entregue a responsabilidade de estudo dos institutos jurídicos, por um método racional, objetivo; primeiramente, sentindo suas informações mais genéricas, nos fatos da existência, depois, analisando seus elementos, as circunstâncias conhecidas, para, a final, apresentar-se uma síntese à altura do estudo feito, sem o emaranhado das grandes teses, sem a preocupação de muita erudição, mas com o fito de bom entendimento de uma essência duradoura, que não muda porque é simples, como deve ser toda Ciência.

É certo que nosso sonho é o de construir o Templo do Direito, mas, sabem vocês que nenhum edifício se constrói sem um bom alicerce. Por isso, é melhor que sejam bem plantadas as bases da nossa Matéria para que, cada vez mais, e, a partir de agora, comecem vocês, ou reiniciem, a pesquisa bem dirigida, paralelamente a essas lições, a sentirem os meandros do Direito Civil.

O homem não pode construir Ciência só pelas teorias; é preciso, dada a sua posição de ser relativo, que pratique suas ideias, pois não tem ele o condão de descobrir as grandes essências do absoluto. Empiricamente, vai ele palmilhando pelas veredas da vida, descobrindo, na própria matéria da existência, o perfume das melhores flores do jardim do pensamento, da imaterialidade.

Nessa posição de ente relativo é que o homem trabalha na Ciência Jurídica para descobrir, sempre por meio de um trabalho organizado, uma reformulação mais perfeita, no âmbito do Direito, para normatização mais apurada das suas relações.

Esclareço, mais, a vocês que a linguagem de que me utilizei neste trabalho foi a mais direta, a mais simplificada, para que a mensagem de nossa Cadeira possa chegar nítida, como deveria ser a mensagem dos Códigos.

Os defeitos ainda existem, porque tudo o que o homem faz, pela crítica construtiva, deve ser aperfeiçoado, como se o tempo fosse um grande filtro por onde passam todos os fatos da vida, purificando-se para o futuro, a justificar o princípio segundo o qual o tempo resolve todos os problemas (*tempus omnia solvit*).

Mas, movendo-me, nesta obra, gravado no meu peito o idealismo, que não pode perecer ante as imperfeições humanas, lembro, com humildade, a frase de Marco Túlio Cícero, que deve ser o lema dos que transmitem o conhecimento, dos que transmitem mensagens à humanidade, dos que comunicam a soma de experiência vivida para encobrir os erros do passado, numa tentativa de tender ao divino, de olhar para os céus, se não com propósitos de se tornarem absolutos, mas sim com o de evocarem as luzes das estrelas, para a iluminação das mentes, a luz do sol, para se sentir de perto o calor humano, e o nunca acabar do infinito, para se descobrirem as verdades eternas: *Non solum aliquid scire artis est, sed est quaedam ars etiam docendi* ("Não só é de conhecer-se alguma coisa de arte, mas também uma certa arte de ensinar").

O Autor

1 DIREITO DAS SUCESSÕES – GENERALIDADES

1 Localização no Código Civil

O Livro do Direito das Sucessões é o último do Código Civil.

Como visto, na Parte Geral cuidamos da relação jurídica; das pessoas físicas e jurídicas, dos bens, em geral, dos negócios jurídicos, da prescrição e da decadência, entre outros institutos; na Parte Especial, tratamos das obrigações e da responsabilidade civil; dos contratos em espécie típicos e atípicos; das coisas, estudando a posse, a propriedade e os direitos reais sobre coisas alheias; do direito de família e da empresa.

No direito das sucessões, com a morte do titular do patrimônio, este se transfere aos sucessores, que continuarão a exercer esses direitos transferidos.

Daí ser esse livro do direito sucessório o último do Código Civil, porque se inicia com a morte.

2 Breve notícia histórica

A evolução histórica do direito sucessório tem significado a partir do Direito Romano e guarda proximidade com a continuidade da família, com os cuidados com o patrimônio familiar e com os cultos domésticos.

Destaque-se que era vergonha, no Direito Romano, morrer sem testamento.

Gaston May[1] esclarece que as pessoas chamadas a recolher a herança são designadas pelo defunto ou pela lei.

No primeiro caso, surge na figura do testamento a vontade do testador.

O *pater famílias*, pela lei das XII Tábuas, de 450 a.C., tinha poder absoluto sobre o patrimônio, podendo dispor dele com total liberdade para depois de sua morte.

Se morresse sem testamento, *ab intestato*, à sua falta herdavam os herdeiros *sui iuris*, os *agnati* (agnados mais próximos) e, à sua falta, os membros *gentiles*, que participavam da mesma *gens*.

Os filhos *sui iuris* e necessários eram os que estavam sob pátrio poder, a mulher *in manu*, que estava em lugar dos filhos e outros parentes ligados aos *de cuius*; os agnados

---

1. *Éléments de Droit Romain*. 18. ed. Paris: Libr. de Recueil Sirey, 1935. p. 516-517 e 554.

são pessoas sob o mesmo poder paterno ou que estariam sujeitos ao *pater* se este não tivesse morrido. Não se deferia a herança a todos os agnados, só ao agnado mais próximo no momento da morte (*Degni*); e os *gentiles* eram os membros da mesma *gens*[2].

As regras da sucessão *ab intestato* ficaram as mesmas até a época do Imperador Justiniano[3].

Nasce um regime sucessoral novo, à época de Cícero. Ele é distinto do sistema do direito civil, fundindo-se ambos à época de Justiniano.

Esse segundo sistema chamou-se pretoriano ou de *bonorum possessiones*[4].

Por ele, o pretor deferia a sucessão ou às pessoas instituídas pelo falecido em um testamento válido *iure praetorio*, ou, à falta deste, o próprio pretor designava os sucessores segundo certa ordem de preferência. Admitiu quatro ordens de sucessíveis: filhos (*liberi*) legítimos (*legitimi*), cognados (*cognati*) e cônjuge sobrevivente (*vir et uxor*)[5].

Quando o *pater* falecia sem deixar descendentes existia o risco de a família extinguir-se, podendo ela ser adotada por outra família pela adrogação (*adrogatio*) ou subsistir pela solene indicação de herdeiro. Primeiramente por meio de testamento solene (*testamentum calatiis comitiis*), depois simplificado por forma menos solene realizada *per aes et libram*.

3 Sentidos da palavra sucessão

Em sentido geral sucessão é toda transmissão patrimonial.

Nesse sentido, a sucessão ocorre a título gratuito ou oneroso, ocasionando a transmissão de um patrimônio, total ou parcialmente, *inter vivos*, por via negocial. Assim, os bens de uma empresa podem passar à outra, que se torna sua sucessora, como também num simples contrato de compra e venda, em que o comprador sucede o vendedor na propriedade da coisa vendida.

A sucessão *causa mortis* pode acontecer a título universal e a título singular. A sucessão universal implica a transferência da totalidade dos bens deixados ou parte deles. Ela existe no Direito Sucessório. Já a sucessão a título singular deriva somente de testamento e importa a transmissão de um bem determinado, certa generalidade de bens ou uma cota concreta deles. Nesse caso, pode um legatário receber um bem determinado, por exemplo.

A transmissão a título universal acontece como um todo. Quem recebe o patrimônio, ou parte dele, assume o ativo e o passivo.

---

2. GOMES, Orlando. *Sucessões*. 13. ed. rev., atual. e aument. por Mario Roberto Carvalho de Faria. Coord. Edvaldo Brito. Rio de Janeiro: Forense, 2006. p. 3.
3. MAY, Gaston. Op. cit., p. 555-558.
4. Idem, p. 558-561.
5. GOMES, Orlando. Op. cit., p. 3.

Excepcionalmente, pode ocorrer a sucessão entre vivos, quando ocorre o pacto antenupcial e a partilha em vida, preservada a igualdade dos quinhões dos herdeiros, como estudaremos adiante.

Assim, a palavra sucessão, no direito sucessório, tem sentido restrito.

4 Fundamento do direito sucessório

O fundamento do direito sucessório é o da continuidade da família por meio da propriedade pela sua transmissibilidade *post mortem*.

Em países socialistas, que admitem a ideia de devolução da propriedade, essa continuidade da família fica a cargo do Estado proprietário.

É expresso o art. 1.784 do CC ao assegurar, pela morte de alguém, a transmissão, "desde logo", da herança aos herdeiros legítimos e testamentários.

Esse fundamento existe primeiramente com a regra constitucional: "é garantido o direito de herança" (art. 5º, XXX).

5 Conteúdo e conceito do direito sucessório

O direito sucessório localiza-se no V Livro do Código Civil, com 4 títulos: Da sucessão em geral; Da sucessão legítima; Da sucessão testamentária; Inventário e da partilha.

Podemos conceituar, com fundamento na doutrina e com suporte no conceito de Silvio Rodrigues[6], que o direito das sucessões "se apresenta como o conjunto de princípios jurídicos que disciplinam a transmissão do patrimônio de uma pessoa que morreu a seus sucessores". Não se fala em transmissão de bens ou valores, mas de patrimônio, porque a transferência envolve tanto o ativo como o passivo do defunto, tanto seus créditos com seus débitos.

---

6. RODRIGUES, Silvio. *Direito civil*. Direito das sucessões. 26. ed. rev. e atual. por Zeno Veloso, 4ª tiragem. São Paulo: Saraiva, 2007. v. 7, p. 3.

2 SUCESSÃO EM GERAL – DISPOSIÇÕES GERAIS

1 Transmissão da herança e da posse

A lei é clara ao estabelecer o momento da transferência patrimonial hereditária: a morte. Ela é o fato gerador dessa transmissão aos herdeiros legítimos e testamentários (art. 1.784 do CC: "Aberta a sucessão transmite-se [...]").

O direito da herança, como dito, é garantido constitucionalmente (art. 5º, XXX).

A massa hereditária não fica sem titular, pois, dada a morte, a transmissão é automática aos sucessores.

No Código anterior, o artigo correspondente ao 1.784 (atual) era o art. 1.572 que mencionava expressamente que a abertura sucessória implicava a transmissão do "domínio" e da "posse da herança", instituto da *saisine* surgido no direito francês.

Repita-se que o atual art. 1.784, citado, só se refere à transmissão da herança; entretanto, como o art. 496 do Código anterior, o art. 1.207 do atual assenta, com o mesmo texto, que "O sucessor universal continua de direito a posse do seu antecessor; e ao sucessor singular é facultado unir sua posse à do antecessor para os efeitos legais".

Também o art. 1.206 do CC, art. 495 do Código anterior, admite que "A posse transmite-se aos herdeiros ou legatários do possuidor com os mesmos caracteres", quando a posse está em nome do defunto.

Ainda que a posse esteja com terceiro, possuidor direto, o herdeiro ou legatário seriam titulares da posse indireta.

Qualquer outra aparente contradição concilia-se, como declara, nesse sentido, Silvio Rodrigues[1], com a simples "distinção entre posse direta e indireta. Enquanto o inventariante conserva a posse direta dos bens do espólio, os herdeiros adquirem a sua posse indireta. Ambos ostentam, simultaneamente, a condição de possuidores".

Os possuidores, então, cada qual a seu turno, podem valer-se dos interditos possessórios na defesa da posse.

O momento da morte é importante, também quanto ao fenômeno da comoriência (art. 8º do CC). Esse artigo determina que, se duas ou mais pessoas físicas falecerem na mesma ocasião, não sendo possível constatar se algum dos comorientes precedeu aos outros, todos serão presumidos mortos simultaneamente.

---

1. Op. cit., p. 15.

Remeto os leitores ao estudo da ausência, da sucessão provisória (arts. 22 a 36) e da sucessão definitiva (arts. 37 a 39 do CC)[2].

2 Lugar da abertura sucessória

O art. 1.785 do CC é expresso ao afirmar que "A sucessão abre-se no lugar do último domicílio do falecido".

Presume a lei que esse lugar em que o falecido escolheu para centralizar suas principais atividades seja o ideal para tratar de sua sucessão.

Também determina o art. 48 do Código de Processo Civil que o foro do domicílio do autor da herança é competente para o inventário, a partilha, a arrecadação, o cumprimento de disposições de última vontade e todas as ações em que o espólio for réu, mesmo que o óbito tenha ocorrido no estrangeiro.

Se o *de cuius* tinha vários domicílios, é competente qualquer deles. Se o pedido de abertura da sucessão for em um deles, este será o juízo competente.

Todavia, se não existir domicílio certo, será competente o foro da situação dos bens; e ainda possuindo bens em lugares diferentes, é competente o lugar em que ocorreu o falecimento.

Atente-se, nesse passo, ao art. 10 do Decreto-lei n. 4.657/42 (Lei de Introdução às Normas do Direito Brasileiro)[3], que assenta: "A sucessão por morte ou por ausência obedece à lei do país em que era domiciliado o defunto ou o desaparecido, qualquer que seja a natureza e a situação dos bens".

Quanto à sucessão de bens de estrangeiros, acrescenta o § 1º[4], se situados no Brasil, "será regulada pela lei brasileira em benefício do cônjuge ou dos filhos brasileiros, ou de quem os represente, sempre que não lhes seja mais favorável a lei pessoal do *de cuius*".

E completa o § 2º: "A lei do domicílio do herdeiro ou legatário regula a capacidade para suceder".

Aliás, a Constituição Federal, em seu art. 5º, XXXI, reafirma, superiormente, que "a sucessão de bens de estrangeiros situados no País será regulada pela lei brasileira em benefício do cônjuge ou dos filhos brasileiros, sempre que não lhes seja mais favorável a lei pessoal do *de cuius*".

3 Espécies de sucessão

Entre os romanos, dava-se mais importância ao direito de propriedade, podendo o testador dispor por testamento de toda a sua fortuna.

---

2. AZEVEDO, Álvaro Villaça. *Teoria geral do direito civil*. São Paulo: Atlas, 2012. p. 53-72.
3. Ementa com a redação dada pela Lei n. 12.376/2010.
4. Com a redação dada pela Lei n. 9.047/95.

Na Alemanha o testamento era desconhecido, sendo lá importante a consanguinidade, pela qual Deus dispõe aos herdeiros, sua criação, pelo sangue.

Muito discutiu-se, então, pela prevalência de qual sistema a ser adotado.

Embora a posição do direito canônico preferindo a sucessão por testamento, fundiram-se esses dois sistemas, no direito atual; sendo assim, o proprietário de seus bens pode dispor da metade deles, possibilitando que a outra metade seja deferida à família para sua continuidade, conforme regulado pela lei.

Daí a coexistência desses dois sistemas: o da sucessão legítima e o da testamentária.

Afirma-se essa coexistência no art. 1.786 do CC: "A sucessão dá-se por lei ou por disposição de última vontade".

A legítima, que decorre da lei, que dispõe no interesse da família; e a testamentária, que prestigia a vontade do proprietário do acervo hereditário, que dele pode dispor da metade de seus bens, favorecendo a quem entender.

A herança, por sua vez, é também chamada de espólio ou monte hereditário, por morte de alguém, transfere-se aos herdeiros e legatários.

Existe a herança legítima que é a metade do patrimônio do *de cuius*, que é deferida ao herdeiro, por força da lei, que se denomina herança legítima. Pode acontecer que, por testamento, parte do acervo seja transmitida com valor certo ou por um bem especificamente.

Como exemplo de valor certo, pode ser transmitido um terço da parte disponível do testador que recebe o herdeiro testamentário (herança testamentária); se for um bem específico, trata-se de legado, recebido pelo legatário.

Se a pessoa morre sem testamento, a herança transmite-se aos herdeiros legítimos; o mesmo acontecendo quanto aos bens não compreendidos no testamento; por fim, subsiste a sucessão legítima se o testamento caducar ou for julgado nulo (art. 1.788 do CC).

4 Pactos sucessórios

Os pactos sucessórios são convenções que objetivam a sucessão hereditária em vida.

Esses pactos são permitidos em alguns países, como na Alemanha (BGB, § 1.941), na Áustria e na Suíça (art. 468) e na Escandinávia[5], entre outros. Nesse sistema podem ocorrer estipulações quanto à sucessão do interessado.

O direito brasileiro, entretanto, proíbe esses pactos sucessórios, quando o Código Civil estabelece, em seu art. 426 que: "Não pode ser objeto de contrato a herança de pessoa viva", completando o art. 1.655 que: "é nula a convenção ou cláusula dela que contravenha disposição absoluta de lei".

---

5. MONTEIRO, Washington de Barros. *Curso de direito civil* – Direito das sucessões. 37. ed. atual. por Ana Cristina de Barros Monteiro França Pinto. São Paulo: Saraiva, 2009. v. 6, p. 13.

Ressalta Washington de Barros Monteiro[6] que: "A lei pátria, em tal questão, mostrou-se fiel à tradição romana; quer se trate do pacto aquisitivo (*de succedendo*), ou renunciativo (*de non succedendo*), impõem-se sua condenação, porque nele se pode obrigar um *votum captandae mortis*, que fere a sensibilidade e repugna à consciência jurídica nacional". "A expressiva denominação que outrora se lhes atribuiu, *pacta corvina*, evidencia a repulsa provocada por semelhante estipulação".

Essa partilha em vida é válida, entre nós, pelo disposto no art. 2.018, quando feita por ascendentes, por ato entre vivos ou de última vontade, contanto que não prejudique a legítima dos herdeiros necessários (art. 1.776 do Código de 1916).

Poderia parecer que essa partilha contrariasse o art. 426 do CC (art. 1.089 do Código anterior), que proíbe o contrato de herança de pessoa viva.

Comentando esse art. 1.089 do Código anterior, Clóvis Beviláqua[7] esclarece que nosso Código, assim como o atual (acrescento), foi "fiel à tradição do nosso direito", condenando os *pactos sucessórios*, mostrando que a "sucessão pactícia oferece grandes inconvenientes", contudo ressalta a existência de duas exceções, referindo-se aos contratos antenupciais, sendo lícito aos cônjuges regularem a sua sucessão recíproca: e à possibilidade de os pais partilharem seus bens com seus filhos, por ato entre vivos, conforme admitia o art. 1.776 do Código anterior (e admite atualmente a matéria no art. 2.018 do Código Civil).

Comentando esse art. 1.776 (do Código Civil de 1916), esclarece Clóvis Beviláqua[8] que "A *partilha em vida* pode ser considerada uma doação, quando feita por ato entre vivos".

Acrescenta esse jurista que, seja essa partilha realizada por doação ou por disposição de última vontade, "terá de respeitar a legítima dos herdeiros necessários", sendo certo que, como doação, será nula "se abranger todos os bens do doador, sem reserva de parte ou renda suficiente para a sua subsistência", bem como "se houver omissão de um filho legítimo, legitimado, natural reconhecido, adotivo ou póstumo, porque todos eles têm direito à legítima (arts. 1.604 e 1.605)". A mesma nulidade existirá da "omissão de neto com direito de representação".

Completa esse ensinamento, ainda, Clóvis Beviláqua, elucidando: "Se a partilha é feita por ato entre vivos, por isso mesmo que tem o caráter de doação, e não o de sucessão de pessoas vivas, os filhos não são considerados herdeiros, mas sim, donatários, enquanto viver o doador", podendo a partilha, portanto, sob as regras da doação, ser "revogada por ingratidão (art. 1.183)", sujeitando-se, mais "à rescisão pelos credores, que por ela forem fraudados".

E finaliza: "Se o quinhão de um dos herdeiros prejudicar a legítima de outro, estará sujeito à redução, segundo os preceitos dos arts. 1.721 e 1.727".

---

6. Op. cit., p. 13.
7. *Código Civil comentado*. 11. ed. atual. por Achilles e Isaias Beviláqua. Rio de Janeiro: Paulo de Azevedo, 1958. v. IV. p. 202.
8. *Código Civil comentado*, cit., 9. ed. 1955, v. VI, p. 210-211.

A partilha em vida, portanto, não é uma mera doação, embora se apresente com a natureza desta, porque o real intuito dos pais é o de dividir, antecipadamente, a herança.

Bem acentua, nesse sentido, Caio Mario da Silva Pereira[9] quando alerta que a natureza jurídica da partilha em vida é de "sucessão antecipada", não importando, assim, "liberalidade", porque "realiza o objetivo de atribuir por antecipação a cada herdeiro os bens que na sucessão do ascendente lhe deveriam tocar. É ato estritamente familial, e somente permitido ao ascendente", escudado nos Irmãos Mazeaud e Astolpho Rezende.

Essa partilha em vida é, em sua natureza, uma sucessão antecipada, desde que não prejudique as legítimas dos herdeiros.

E aduz que "A partilha em vida típica é a que se efetiva por doação", sujeitando-se às regras desta, em geral (Clóvis Beviláqua, Carlos Maximiliano, Itabaiana de Oliveira e Teixeira de Freitas). "E assim efetuada é irrevogável" (Astolpho Rezende).

Do mesmo modo, alertando de que não se refere à feita por testamento, já declarava Astolpho Rezende[10] que "a partilha feita por ato entre vivos é irrevogável", sendo certo que, em nosso Direito, "a doação é um adiantamento de legítima, não é uma liberalidade, e, portanto, só obriga o herdeiro beneficiado a trazer os bens à colação", daí por que "A partilha em vida é um ato definitivo e consumado". Seu principal efeito "é a imediata e irrevogável transferência dos bens, do domínio do pai para o dos filhos".

5 Lei vigente da abertura sucessória

O art. 1.787 do CC determina que a sucessão e a legitimidade para suceder são reguladas pela lei vigente ao tempo da abertura sucessória.

Várias consequências podem ser extraídas desse art. 1.787, conclui Washington de Barros Monteiro[11]:

> a) se capaz o herdeiro ao tempo de confecção do testamento, porém incapaz ao tempo em que se abre a sucessão, não pode suceder; b) inversamente, se incapaz no primeiro momento, porém capaz no segundo, recolhe a herança; c) se o testador institui fideicomisso, com designação alternativa de fideicomissários, serão beneficiários os que já existirem no instante em que se abrir a sucessão do fideicomitente.

E acrescenta, ainda, esse jurista que:

---

9. *Instituições de direito civil*. Direito das sucessões. 15. ed. 5ª tir., rev. e atual. por Carlos Barbosa Moreira. Rio de Janeiro: Forense, 2006. v. VI, p. 418.

10. *Manual do Código Civil brasileiro de Paulo de Lacerda*. D. Direito das Sucessões, do Inventário e Partilha. Rio de Janeiro: Jacintho Ribeiro dos Santos, 1929. v. XX, p. 301-302.

11. Op. cit., p. 20.

A aplicação desse dispositivo pode abrir ensejo a problemas jurídicos extremamente delicados e do maior interesse. O filho natural, reconhecido em vida do genitor (art. 1.609), compartilha da herança por este deixada, em igualdade de condições com os demais filhos. No caso de reconhecimento judicial, após o óbito do pai, recolherá ele igualmente o respectivo quinhão hereditário, porquanto a decisão que acolhe a investigação da paternidade, opera *ex tunc* e não *ex nunc*.

Sempre lembrando de que a Constituição Federal proibiu qualquer designação discriminatória, relativamente aos filhos, inclusive os adotivos, por seu art. 227, § 6º, no que foi seguida pelo art. 1.596 do Código Civil atual. Assim, os filhos, havidos ou não da relação matrimonial, ou por adoção devem ter os mesmos direitos e qualificações.

6 Inconstitucionalidade do art. 377 do Código Civil de 1916

Iniciou-se a discussão de matéria importante, no Supremo Tribunal Federal, em 16 de junho de 2010, em uma ação rescisória[12] que objetivou a desconstituição do acórdão da 1ª Turma dessa Corte, que, dando provimento a recurso extraordinário, concluíra pela não aplicação da norma do art. 227, § 6º, da Constituição de 1988, ao filho adotivo, adotado antes de sua vigência, negando-lhe direito sucessório, com fundamento no art. 377 do Código Civil de 1916.

Esse artigo sempre me causou perplexidade, pela discriminação nele acolhida. O filho era reconhecido como se fosse essa filiação de segunda classe, uma filiação pela metade.

Assim, se fosse adotado alguém, sob a égide desse art. 377, sem que o adotante tivesse filhos consanguíneos, a superveniência deles, à adoção, impedia o adotivo de concorrer com esses filhos então considerados legítimos, em igualdade de condições.

O absurdo é que esse dispositivo legal reduzia a cota hereditária do adotado (que iria herdar toda a herança) à metade da herança cabível ao do superveniente.

Verdadeiro absurdo, que aconteceu também com a Lei n. 883/49, que discriminava por seu art. 2º o direito do filho então ilegítimo reconhecido, por essa lei, concedendo a ele a metade da herança que viesse a receber o filho legítimo ou legitimado, "para efeitos econômicos" e "a título de amparo social", como se pudesse o Estado amparar socialmente esse filho, com chapéu alheio. Esse art. 2º passou a ter a seguinte redação, determinada pelo art. 51 da Lei n. 6.515/77 (chamada Lei do Divórcio): "Qualquer que seja a natureza da filiação, o direito à herança será reconhecido em igualdade de condições".

Argumentou-se, então, que essa legislação se referia tão somente a filhos consanguíneos.

Aliás, o mencionado art. 377, com a redação que lhe deu a Lei n. 3.133/57, melhorou, um pouco, a situação existente à época, como visto, porque foi abolido nele o requisito

---

12. AR 1.811/PB, Recivil, Informativo do STF-AR: Filho adotivo e direito de suceder antes da CF/88.Internet.

de inexistência de prole para possibilitar a adoção. Todavia, com a aludida restrição de que os adotados por adotante com prole consanguínea, essa prole não sofreria com a concorrência de sucessão hereditária pelos adotivos, criou-se discriminação, incompatível com a igualdade dos seres humanos e em detrimento de sua dignidade.

Dá-nos conta Silvio Rodrigues[13] que o Código de Menores (Lei n. 6.697/79) substituiu a legitimação adotiva, criada pela Lei n. 4.655/65, pela adoção plena, "esta com aproximadamente as mesmas características daquela", lembrando que, "durante um tempo no Brasil e até o novo Código da Criança e do Adolescente, tivemos duas diversas adoções, a adoção simples, que era a tradicional, e a adoção plena, de muito mais abrangência do que aquela".

Confirma esse jurista essa evolução acentuando que a adoção plena "apagava todos os sinais do parentesco natural do adotado, que entrava na família do adotante como se fosse filho de sangue. Seu assento de nascimento era alterado, os nomes dos genitores e avós paternos substituídos, de modo que, para o mundo, aquele parentesco passava a ser o único existente".

Embora fazendo discriminações, essa legislação estava já a essa época processando a transformação do instituto da adoção, que não comporta limitações odiosas e discriminações, que viriam cessar totalmente, no futuro.

Tal transformação chegou ao reconhecimento pelo Estatuto da Criança e do Adolescente (ECA – Lei n. 8.069/90), após a Constituição de 1988, que assentou, em seu art. 41, que "A adoção atribui a condição de filho ao adotado, com os mesmos direitos e deveres, inclusive sucessórios, desligando-o de qualquer vínculo com pais e parentes, salvo os impedimentos matrimoniais".

Esse reconhecimento firmou-se, definitivamente, no texto da Constituição Federal de 1988, em seu art. 227, § 6º, que proíbe "quaisquer designações discriminatórias relativas à filiação", sejam os filhos "havidos ou não da relação do casamento, ou por adoção", com "os mesmos direitos e qualificações".

Lembre-se, nesse passo, de que eu[14] já cogitara, um ano e meio antes da Constituição de 1988, do art. 202, Código Mexicano de Hidalgo, que estabelece o tratamento igual para todos os filhos "Os filhos não recebem qualificativo algum, são iguais ante a lei, a família, a sociedade e o Estado". A essa época, eu sugeri ao relator geral de nossa Constituinte, Senador Bernardo Cabral, a inclusão dessa matéria em nossa Constituição de 1988 e ela se fez presente no § 6º do seu art. 227.

Assim, também, ficou assentado no art. 1.626, que "A adoção atribui a situação de filho ao adotado, desligando-o de qualquer vínculo com os pais e parentes consanguíneos, salvo quanto aos impedimentos para o casamento". O Projeto de Código Civil, na Câmara dos Deputados n. 118, de 1984, em 1997 (redação final), não mais apresentou as

---

13. *Direito civil.* Direito de família. 28. ed. São Paulo: Saraiva, 2004. v. 6, p. 337-338.
14. AZEVEDO, Álvaro Villaça. *Estatuto da família de fato.* 3. ed. São Paulo: Atlas, 2011. p. 150, e isso desde minha tese *Do concubinato ao casamento de fato.* Belém: Cejup, 1986, p. 49, e 2. ed. 1987, p. 49, in *Código Familiar para o Estado Mexicano*, de Hidalgo, da autoria de Julián Güitrón Fuentevilla.

duas espécies de adoção, como antes (plena e restrita), tendo seu art. 1.638 a mesma redação do atual art. 1.626 do Código Civil de 2002.

Voltando à mencionada ação rescisória (AR 1.811/PB), votou o Ministro relator Eros Grau pela vigência do art. 377 do CC de 1916, até a Constituição de 1988; votou o Ministro Dias Toffoli não conhecendo da ação por falta de prequestionamento no acórdão rescindindo; votou o Ministro Antonio Cezar Peluso, acompanhado pelo Ministro Ayres Britto.

Em seguida, pediu vista o Ministro Gilmar Mendes, sem exarar seu voto, estando, assim, incompleto esse julgamento.

Todavia, entendo como correta a manifestação do Ministro Antonio Cezar Peluso de que não se trata de aplicação retroativa do art. 227, § 6º, da Constituição, mas da inconstitucionalidade do art. 377 do Código Civil de 1916, como de todas as normas desse Código, que distinguiram entre categorias de filhos, violadoras do princípio da igualdade.

Disse, então, o Ministro Peluso que o mencionado art. 227 "explicitou uma regra que já estava no sistema constitucional, ou seja, a inadmissibilidade de estabelecer distinções, para qualquer efeito, entre classes ou qualidades de filhos". Concluiu esse Ministro que, "perante o princípio constitucional da isonomia, ou a pessoa seria filho e teria todos os direitos, ou não seria filho".

Acolhendo esse entendimento do Ministro Peluso, emiti Parecer, em 19 de setembro de 2011, entendendo pela inconstitucionalidade desse art. 377 do Código Civil de 1916.

Realmente, diante de todas as transformações sofridas pela matéria ora cogitada, vê-se, claramente, a inconstitucionalidade do art. 377 do Código Civil de 1916, que nasceu eivado desse vício legislativo, depurando-se, com o passar do tempo até a atual Constituição.

Caminhamos desde a adoção para compensar a infertilidade dos adotantes, feita em seu exclusivo interesse, com a admissão depois do caráter social da adoção, no interesse do adotado, até a completa igualdade e liberdade de adoção, como na atualidade.

Aliás, o princípio da isonomia gravado nos textos constitucionais anteriores, como no art. 153, § 1º, da Constituição Federal de 1967 (após a Emenda n. 1, de 1969), assegurava essa plena igualdade perante a lei, sem distinção de qualquer espécie de filiação.

No texto constitucional atual mostra-se a confirmação de uma igualdade que veio sendo assegurada por conquista após conquista, a mostrar, atualmente, qual sempre foi a vontade do legislador.

De reafirmar-se, nesse ponto, o mencionado entendimento do Ministro Cezar Peluso, segundo o qual o art. 227, § 6º, citado, tornou clara uma regra que já estava admitida constitucionalmente, qual seja a de que não deve haver distinções entre filhos, sua divisão em classes ou qualidades, como se pudesse um ser melhor do que o outro.

O citado art. 377 é inconstitucional porque, desde a edição do Código Civil de 1916, existiam princípios constitucionais vigentes, que impediam a discriminação entre categorias de filhos.

3 HERANÇA E SUA ADMINISTRAÇÃO

1 Herança como um todo unitário. Indivisibilidade

Herança é o complexo dos bens e das relações que se transmite mediante a sucessão legítima ou testamentária, conceitua Guido Alpa[1].

Herança é o patrimônio do defunto, assenta Orlando Gomes[2], não se confundindo com o acervo hereditário, que é a massa dos bens deixados, porque pode compor-se, apenas, de dívidas, sendo passiva. Como coisa, a herança classifica-se entre as universalidades de direito-*universum ius, universa bona* (art. 91 do CC), como um *núcleo unitário*.

Já vimos que a morte ocasiona a transferência imediata da herança e como um todo. Não importa quantos herdeiros existam, a propriedade global é indivisível (art. 1.791 do CC).

Essa indivisibilidade, relativamente à posse e à propriedade da herança permanecem até a partilha, regendo-se a massa pelas regras do condomínio (parágrafo único).

Cada herdeiro, portanto, é titular de uma cota ideal da herança, podendo reclamá-la por inteiro (art. 1.825 do CC).

Considerando a integralidade dessa comunhão, a lei declara, ainda, imóvel a herança, como intocável até a partilha. Assegura-o o art. 80 do CC que considera imóvel, para os efeitos legais, "o direito à sucessão aberta" (inciso II).

Assim, ainda que o falecido tenha deixado apenas bens móveis, a massa hereditária fica imobilizada até que seja partilhada.

2 Responsabilidade dos herdeiros

Os herdeiros recebem nas forças da herança, quando esta é positiva, não se responsabilizando se a herança for negativa, com o passivo superando o ativo do *de cuius*.

No Direito Romano, o herdeiro continuava no lugar do falecido, com seu patrimônio respondendo pelas dívidas daquele.

---

1. *Istituzioni di diritto privato.* 2. ed. Torino: Utet, 1997. p. 456, n.7.
2. Op. cit., p. 7.

Com o passar do tempo foi admitida a renúncia à herança como modo de o herdeiro liberar-se dos débitos do falecido.

Consolidou-se essa situação à época do Imperador Justiniano.

Essa regra atual de que o herdeiro só responde nas forças da herança, quando aceita a condição de herdeiro, sem qualquer ressalva, foi implantada no art. 1.587 do CC de 1916 e acolhida no Código atual, em seu art. 1.792.

Se os encargos hereditários superarem o valor dos bens do espólio, deverá ser declarada a insolvência do falecido (art. 618, VIII, do CPC).

3 Cessão de direitos hereditários

Só depois de aberta a sucessão é possível a cessão de direitos hereditários, que é um negócio jurídico *inter vivos*.

Ela é feita enquanto existe a imobilidade e indivisão da herança, quando os sucessores não têm ainda definidos os seus quinhões hereditários.

Considera-se cessão de direitos hereditários o negócio jurídico consensual, oneroso ou gratuito, de natureza formal que um herdeiro faz a outro, legítimo ou testamentário, ou a terceiro, de toda a herança ou de parte dela[3].

Como dito, mesmo que só de móveis se componha o espólio, ele é considerado imóvel (art. 80, II, do CC), daí a necessidade de forma especial para que a cessão ocorra (art. 1.793 do CC), que é a escritura pública. Assim, se a cessão não for feita por escritura pública, ela será nula de pleno direito, por não revestir a forma prescrita em lei (art. 166, IV, do CC).

Se a cessão for gratuita, considerar-se à doação; se onerosa, será compra e venda.

Lembre-se, nesse passo, de que, se a cessão for feita por cônjuge, deverá ele estar autorizado pelo outro, exceto no regime de separação absoluta de bens. Sem essa autorização não poderá um cônjuge "alienar ou gravar de ônus real os bens imóveis" (art. 1.647, I, do CC), sob pena de anulação que pode ser pleiteada até dois anos depois de terminada a sociedade conjugal (art. 1.649 do CC).

"Os direitos, conferidos ao herdeiro em consequência de substituição ou de direito de acrescer, presumem-se não abrangidos pela cessão feita anteriormente" (§ 1º do art. 1.793 do CC). Estes, salvo disposição em contrário, já estão consolidados.

Os dois parágrafos seguintes do mesmo artigo cuidam de hipóteses de ineficácia. Quando qualquer bem da herança for considerado individualmente e quando há disposição por qualquer herdeiro sobre bens da massa hereditária, individualmente, sem autorização judicial. Nesse caso, só será válida se autorizada por alvará judicial.

---

3. Ver NADER, Paulo. *Curso de direito civil*. Direito das sucessões. 4. ed. Rio de Janeiro: Gen Forense, 2010. v. 6, p. 41; MALUF, Carlos Alberto; DABUS, Adriana Caldas do Rego Freitas. *Curso de direito das sucessões*. São Paulo: Saraiva, 2013. p. 91; entre outros.

Pela cessão, salienta Silvio Rodrigues[4],

O cessionário toma o lugar, ocupa a posição jurídica do cedente. Fica sub-rogado em todos os direitos e obrigações, como se fosse próprio herdeiro. Tudo o que poderia praticar o herdeiro para defender, conservar, modificar ou extinguir o seu direito, pode ser praticado pelo cessionário, que receberá, na partilha, o que o herdeiro cedente haveria de receber.

Ante a indivisibilidade da herança, submetendo-se às regras do condomínio, "O coerdeiro não poderá ceder a sua cota hereditária à pessoa estranha à sucessão, se outro coerdeiro a quiser tanto por tanto" (art. 1.794 do CC), ou seja, em igualdade de condições. Sempre, é claro, se a cessão for onerosa.

Tem, assim, o coerdeiro direito de preferência na aquisição onerosa da quota do seu condomínio na herança. Se for preterido em seu direito de preferência, poderá o herdeiro lesado depositar o preço e reaver para si a quota cedida a estranho requerendo sua adjudicação até cento e oitenta dias após a transmissão (art. 1.795 do CC). Se vários os coerdeiros com direito a preferência, o quinhão cedido será distribuído entre eles, na proporção das respectivas quotas hereditárias (parágrafo único).

4 Herdeiros necessários e liberdade de testar

A liberdade de testar, no Direito Romano, nasceu de modo absoluto em prestígio do direito de propriedade. Quem era proprietário podia dispor de seu patrimônio livremente.

A par dessa ideia existe a de que quem constitui uma família, com filhos etc., deve responder à sua continuidade, assegurar sua existência.

A maioria das legislações segue esta última posição, como a do Brasil, em que "Havendo herdeiros necessários, o testador só poderá dispor da metade da herança" (art. 1.789 do CC).

Isso porque a outra metade é a legítima dos herdeiros necessários.

Por seu turno, são herdeiros necessários os descendentes, os ascendentes e o cônjuge (art. 1.845 do CC), e, ainda, o(a) companheiro(a), segundo decisão do STF, adiante analisada, a eles pertencendo, de pleno direito, a metade dos bens da herança, constituindo a legítima (art. 1.846 do CC).

Ressalte-se que até a convivência familiar homossexual foi reconhecida pelo STF e pelo STJ.

Os herdeiros necessários devem, e em regra, participar da sucessão, a não ser em situações excepcionais, se deserdados ou indignos.

O cônjuge figura entre os herdeiros necessários no Código Civil de 2002, o que não acontecia no Código anterior e, atualmente, também, o(a) companheiro(a), por decisão do STF, inclusive na união homossexual.

---

4. Op. cit., p. 27.

Quando existir herdeiro necessário, portanto, divide-se a herança em duas partes: a legítima, que pertence aos herdeiros necessários, e a disponível de que dispõe o falecido, por testamento, da forma que quiser.

Deve considerar-se o regime de bens do casamento, ou da união, pois, se este for o da comunhão de bens, retirada a meação que já é do cônjuge sobrevivo, ou a metade que já era do(a) companheiro(a), só a outra metade é a herança.

Herdeiro necessário é, portanto, a pessoa indicada na lei que não pode ser privada de sua quota-parte da herança, ensina Orlando Gomes[5].

O herdeiro necessário, contemplado pelo testador por sua parte disponível ou algum legado não perderá o direito à legítima (art. 1.849 do CC).

5 Cálculo da legítima e da cota disponível

Para calcular-se a legítima sobre o valor dos bens existentes na abertura da sucessão, abatem-se as dívidas do falecido e as despesas de funeral, adicionando-se a volta dos bens sujeitos à colação (art. 1.847 do CC).

A metade disponível apura-se como o resultado do patrimônio do falecido, menos as suas dívidas e despesas de funeral.

Apura-se, assim, o ativo da herança, para que o líquido possa ser objeto de partilha.

6 Cláusulas restritivas à legítima

Após inúmeros debates sobre a necessidade de manter a possibilidade das cláusulas restritivas à legítima, foram elas mantidas no art. 1.848 do CC, nestes termos: "salvo se houver justa causa declarada no testamento, não pode o testador estabelecer cláusula de inalienabilidade, impenhorabilidade, e de incomunicabilidade, sobre os bens da legítima".

Então essas cláusulas podem ser estabelecidas, havendo justificativa justa, declarada pelo testador.

Veja-se, logo, que será muito difícil ou mesmo impossível julgar essa justa causa declarada pelo testador. O texto se mostra por um *standard* jurídico: que causa seria justa?

O testador poderá gravar, sem qualquer restrição, a parte disponível. A restrição existe tão só quanto aos bens que compõem a legítima.

Lembrem-se alguns conceitos sobre ditas cláusulas restritivas.

A cláusula de incomunicabilidade impede que, no caso, a legítima recebida pelo herdeiro se comunique com seu cônjuge, companheiro(a) ou parceiro(a).

A cláusula de impenhorabilidade impede que a herança (parte legítima) seja objeto de penhora e de consequente perda da propriedade a credores do herdeiro.

---

5. Op. cit., p. 40.

Entendo que, quanto a essas duras cláusulas nem haveria necessidade de justificativa, pois a preocupação do testador é a de salvaguardar seu herdeiro dos revezes do futuro, ante a instabilidade da vida familiar e das circunstâncias econômico-financeiras, referentes, aos credores do herdeiro. São cuidados normais e plenamente justificáveis por si sós.

Já a cláusula de inalienabilidade é mais drástica e impede a circulação dos bens gravados. Sua paralização precisa ser justificada.

Se bem que é possível obter o desbloqueio desses bens gravados, com sua alienação, convertendo-se o produto de alienação em outros bens, que ficarão sub-rogados nos ônus dos primeiros (§ 2º).

Por outro lado, não é permitido ao testador a conversão dos bens da legítima em outros de espécie diversa (§ 1º).

Entendo que, mesmo sem sub-rogação, surgindo justo motivo da eliminação dessa cláusula de inalienabilidade ela pode ser admitida pelo juiz. Trata-se, no caso, de relativização da cláusula restritiva. Assim, a justa causa tanto pode ser declarada pelo testador, como pelo proprietário do bem gravado, ante circunstâncias graves da vida.

7 Abertura de inventário

O art. 1.796 do CC, como norma de natureza processual estabelecia o prazo de 30 dias para o ajuizamento do processo de inventário a contar da abertura sucessória (morte). Esse prazo foi alterado pela Lei n. 11.441/2007, que o aumentou para 60 dias, ficando o art. 611 do Código de Processo Civil de 2015 com a seguinte redação: "O processo de inventário e de partilha deve ser instaurado dentro de dois meses a contar da abertura da sucessão, ultimando-se nos doze meses subsequentes, podendo o juiz prorrogar tais prazos, de ofício ou a requerimento da parte".

Essa Lei n. 11.441/2007 modificou disposições do Código Processual Civil, de 1973 criando o inventário e a partilha por escritura pública, ao lado do inventário judicial.

Sob essa inovação, dispõe o art. 610, § 1º, do Estatuto Processual de 2015 que, sendo todos capazes e concordes, poderá fazer-se esse inventário e partilha extrajudicial, por escritura pública.

Toda a matéria sobre inventário e partilha será revista e completada ao final deste volume.

8 Nomeação de inventariante

Aberto o inventário judicial, não sendo o caso de inventário processado por escritura pública, o juiz nomeará o inventariante, preferencialmente na ordem constante do art. 617 do Código de Processo Civil e que deverá representar o espólio ativa e passivamente.

Até que essa nomeação ocorra ou até que o inventariante preste seu compromisso de bem e fielmente desempenhar sua função, o espólio continuará na posse do administrador provisório (arts. 613 e 617, parágrafo único, do CPC).

Por seu turno, assenta o art. 1.797 do Código Civil: "Até o compromisso do inventariante a administração da herança" será exercida sucessivamente a) pelo cônjuge ou companheiro, se estivesse vivendo com o falecido no momento de sua morte; b) ao herdeiro que estiver na posse e administração dos bens e ou ao mais velho se forem muitos os herdeiros, nessa condição; c) ao testamenteiro; ou d) a pessoa de confiança do juiz se houver recusa dos atuais indicados por motivo grave.

Com o cônjuge ou companheiro, mencionados, deve ser também incluído o parceiro, tendo em vista o reconhecimento da família homossexual, como vem sendo admitido pela jurisprudência.

Como visto, até que o Inventariante preste seu compromisso nessa função, a herança continua a ser cuidada pelo administrador provisório, para que se evite solução de continuidade e danos à massa hereditária.

4 VOCAÇÃO HEREDITÁRIA

1 Direito romano

Vocação, do vocábulo latino *vocatio, onis*, é chamamento, vocação.

No direito sucessório, é o chamamento dos herdeiros, para virem receber a herança, sua cota hereditária.

No direito romano, existiu a sucessão legítima, denominada *successio ab intestato*, sucessão sem testamento ou quando este fosse inválido, revogado ou caduco.

Por outro lado, a sucessão legítima, com sua linha sucessória estabelecida na Lei das XII Tábuas.

Conhecia-se a sucessão testamentária como *successio secundum tabulas* (de acordo com as tábuas que compunham o testamento, com a vontade do testador) e *successio contra tabulas*, quando necessária ou nos moldes da Lei das XII Tábuas.

2 Introdução

A sucessão pode existir em razão da disposição de última vontade do falecido por meio de testamento, que é a sucessão testamentária.

Se o falecido não testou ou foi declarado caduco ou ineficaz seu testamento, a lei dispõe sobre o destino de seu patrimônio, chamando-se, assim, sucessão legítima.

Desse modo, na falta da vontade do defunto, a lei estabelece como se dará a sucessão de seus bens.

É princípio jurídico inafastável que a sucessão ocorre com a morte.

Assim, morto alguém, abre-se sua sucessão hereditária, legítima ou testamentária, aplicando-se a lei vigente na data de sua morte.

3 Legitimação para suceder

As pessoas nascidas ou concebidas no momento da abertura sucessória estão legitimadas a suceder (art. 1.798 do CC). Essa é a regra geral: só pessoas vivas e concebidas no momento da morte é que podem ser chamadas à sucessão, como herdeiras ou legatárias. A regra aplica-se tanto à sucessão legítima como à testamentária.

Na sucessão testamentária podem também ser chamados a suceder: I – os filhos, ainda não concebidos (prole eventual) de pessoas indicadas pelo testador, desde que estejam vivas no momento da sucessão; II – as pessoas jurídicas; III – e as pessoas jurídicas, que foram organizadas por ordem do Testador, em forma de fundação (art. 1.799 do CC).

Pondera Silvio Rodrigues[1] que:

> O que nasce com vida não é dono da herança [referindo-se ao nascituro] a partir desse instante, mas desde a abertura da sucessão, tendo direito aos bens hereditários e a seus frutos, rendimentos, acréscimos. Se o nascituro nascer morto, referidos bens são devolvidos aos herdeiros legítimos do falecido, ou ao substituto testamentário, se tiver sido indicado, retroagindo a devolução à data da abertura da sucessão.

O nascer com vida, ainda que por poucos momentos, já provoca transmissão patrimonial.

Nos apontados casos de sucessão testamentária (art. 1.799 do CC) pode acontecer a indicação de filhos não concebidos providos de pessoas ainda vivas no momento sucessório, bem como as pessoas jurídicas, inclusive as que nascerem no testamento sob forma de fundação.

Quanto aos filhos não concebidos, o Código anterior referia-se a prole eventual.

O Código de 2002 refere-se a filhos não concebidos, ou seja, à descendência natural, não compreendendo os filhos adotivos. Por outro lado, desde a expressão antiga, prole, ou, atualmente filho, compreende tão somente os filhos e não os netos.

Assim, estando viva a pessoa indicada pelo testador, no momento de sua morte, poderá haver filhos ou concebê-los. E, se forem beneficiados estes, os bens da herança serão confiados, após a liquidação ou partilha, a um curador nomeado pelo juiz (art. 1.800 do CC).

Essa curatela será deferida à pessoa cujo filho o testador esperava ter por herdeiro e, sucessivamente, às pessoas indicadas no art. 1.775 (§ 1º). A curatela será regida pelas disposições relativas à curatela em geral, no que couber (§ 2º). Se o herdeiro esperado nascer com vida, será a ele deferida a sucessão, acrescida dos frutos e rendimentos correspondentes, a partir da morte do testador (§ 3º). Estes acréscimos pertencem por direito ao herdeiro, a não ser que seu curador seja seu pai ou sua mãe, que, pelo art. 1.689, I, do CC, são usufrutuários, dos bens dos filhos.

Esse art. 1.800 é inovação louvável do Código, que se fazia necessária, também e principalmente pelo prazo fixado no seu § 4º. Assim, se decorridos dois anos após a morte do testador, não for concebido o herdeiro esperado, os bens reservados, se não houver outra disposição do testador, caberão aos herdeiros legítimos.

---

1. Op. cit.

É também legitimada a suceder a pessoa jurídica (art. 1.798, II, do CC), desde que exista legalmente como pessoa jurídica.

Excepcionalmente, podem ser legitimadas pessoas jurídicas, com organização fundacional, determinadas pelo testador (inciso III).

Nesse caso, o testador determina a constituição da fundação no próprio testamento, com os requisitos necessários a que ela se constitua.

Já referi[2] que, conforme o art. 62 do CC, não se pode criar uma fundação sem respeitar os seus requisitos. O seu instituidor poderá fazê-lo por escritura pública ou testamento.

É obvio, portanto, que a fundação criada por testamento ainda não existe no momento da morte do testador, sendo constituída futuramente com a presença obrigatória do Ministério Público (Curador de Fundações, art. 178, II, do CPC), obedecidas as exigências legais.

Só as pessoas física e jurídica estão legitimadas a receber por sucessão *causa mortis*.

Não há, pois, falar-se em sucessão de qualquer espécie em favor de coisa imóvel, móvel e semovente.

Pode, entretanto, sem contrariar essa regra, uma pessoa destinar herança ou legado a outra, "com o encargo de cuidar de certa coisa, seja ela imóvel ou móvel, inanimada ou semovente, pois que o herdeiro instituído é pessoa; os cuidados com a coisa ou o animal constituirão encargo a ela imposta", acentua Caio Mário da Silva Pereira[3]. Deve, assim, existir o beneficiado no tempo da morte do testador.

4 Falta de legitimação para suceder

Por outro lado, não podem ser nomeados herdeiros ou legatários as pessoas mencionadas no art. 1.801 do CC, conforme neste relacionados, porque envolvidas na realização do testamento.

O legislador teme que essas pessoas possam tirar proveito dos benefícios testamentários.

Assim, quem, a rogo, escreveu o testamento, nem seu cônjuge ou companheiro, ou seus ascendentes e irmãos (inciso I); as testemunhas testamentárias (inciso II); o concubino do testador casado, salvo se este, sem culpa sua, estiver separado de fato do cônjuge há mais de 5 (cinco) anos (inciso III); e o tabelião, civil ou militar, ou o comandante ou escrivão, perante quem se fizer, assim como o que fizer ou aprovar o testamento (inciso IV).

---

2. AZEVEDO, Álvaro Villaça. *Teoria geral do direito civil* – Parte geral. *Curso de direito civil*. São Paulo: Atlas, 2012. p. 110.
3. *Instituições de direito civil*. Direito das sucessões, cit., p. 35.

Entendo que essa enumeração é meramente enunciativa, e não taxativa, pois a intenção do legislador foi a de considerar suspeita toda e qualquer pessoa que puder interferir na vontade do testador, estando próximo a ele na elaboração do testamento.

Daí, completa mais o art. 1.802 e seu parágrafo único do CC, declarando nulas as disposições testamentárias em favor de pessoas não legitimadas a suceder, ainda quando simuladas sob a forma de contrato oneroso, ou feitas mediante interposta pessoa.

Presumem-se pessoas interpostas os ascendentes, os descendentes, os irmãos e o cônjuge ou companheiro do não legitimado a suceder.

O art. 1.803 do CC considera lícita a deixa a filho do concubino, quando esse filho for também do testador.

5 ACEITAÇÃO E RENÚNCIA DA HERANÇA

1 Aceitação e espécies

Aceitação ou adição da herança é o ato jurídico pelo qual a pessoa chamada a suceder declara que deseja ser herdeiro e recolher a herança.

"Aceita a herança, torna-se definitiva a sua transmissão ao herdeiro, desde a abertura de sucessão" (art. 1.804 do CC).

A aceitação da herança é, portanto, um ato de confirmação, pois o domínio e a posse da herança adquirem-se no momento de morte.

Por outro lado, a transmissão não acontece quando o herdeiro renuncia a herança (parágrafo único).

A aceitação pode ser expressa ou tácita, sendo expressa quando realizada por declaração escrita (por escritura pública ou particular), e tácita quando resultar tão somente de atos compatíveis com o caráter de herdeiro (art. 1.805 do CC).

Pode ocorrer aceitação tácita, porém, se o herdeiro nomeia advogado para funcionar no inventário e ele pratica qualquer ato no processo; se cede onerosamente (vende) seus direitos hereditários; concorda com algum ato do inventário (como avaliação patrimonial) etc.

No caso da cessão dos direitos hereditários, por exemplo, ninguém pode vendê-los sem automaticamente aceitá-los.

Não implicam aceitação de herança os atos oficiosos, como o funeral do falecido, os meramente conservatórios de direito ou ainda os de administração e guarda provisória (§ 1º); bem como a cessão gratuita, pura e simples, da herança, aos demais coerdeiros (§ 2º).

Só o ato de requerer a abertura do inventário não implica aceitação.

A aceitação pode ainda ser presumida, na hipótese do art. 1.807, em que o interessado poderá interpelar o herdeiro, para que, após o prazo de 20 dias de sua inércia, determine o juiz que o faça em prazo razoável, não maior do que 30 dias, aceitando, ou não, a herança, sob pena de se haver a herança por aceita.

2 Renúncia

A renúncia, por seu turno, é a demissão da qualidade de herdeiro, sendo sempre expressa.

"Renúncia é o negócio jurídico unilateral pelo qual o herdeiro declara não aceitar a herança", manifestada antes da abertura sucessória, assenta Orlando Gomes[1].

Ela deve constar expressamente de instrumentos públicos ou de termo judicial homologado (art. 1.806 do CC).

A renúncia só não pode contrariar direitos de terceiros, como também não pode contrariar as normas de ordem pública.

Washington de Barros Monteiro[2] promove a diferença entre renúncia e desistência. "Dá-se a primeira quando não existe qualquer ato a exprimir aceitação da cobrança; a segunda, ao inverso, pressupõe anterior aceitação, tácita ou expressa".

Se há renúncia, pura e simples, a herança não se transmite: não há, portanto, incidência tributária (*causa mortis*). Entretanto, se existir renúncia em favor de alguém, ocorre cessão de herança. Assim, esse ato implica aceitação, com transmissão da herança, que vai em seguida ao destinatário cessionário. Ninguém pode transmitir o que não tem. Primeiro adquire, depois transmite. Assim, não só com o que aceita como o que renuncia.

Se a renúncia ocorre em favor de determinada pessoa, equivale a doação ou cessão de direitos hereditários; daí a necessidade de ser feita por escritura pública[3].

3 Normas quanto à aceitação e à renúncia

Por outro lado, a herança como um complexo de relações jurídicas não pode ser aceita parcial, condicionalmente ou a termo (art. 1.808 do CC). A aceitação deve ser pura e simples.

Assim, o herdeiro ou aceita a integralidade da herança, sem restrições, ou não aceita. Não pode, portanto, escolher vantagens (ativo) e repudiar o resto (passivo).

No § 1º do mesmo artigo, cuida do duplo recebimento pelo herdeiro, a título de herança e a título de legado. Nesse passo, não há indivisibilidade do todo, podendo o herdeiro renunciar a herança e aceitar o legado, ou vice-versa.

Fica, nesse caso, o herdeiro chamado, na mesma sucessão, a mais de um quinhão hereditário, sob títulos sucessórios diversos, com possibilidade de deliberar sobre os quinhões que aceita e sobre os que repudia (§ 2º)

Se, entretanto, falecer o herdeiro antes de declarar se aceita ou recusa a herança, o poder de aceitar e recusar passa aos seus herdeiros, caso não se trate de condição suspensiva, ainda não verificada (art. 1.809 do CC).

Acresce o parágrafo único que os chamados à sucessão do herdeiro falecido antes da aceitação, desde que concordem em receber a segunda herança, poderão aceitar ou recusar a primeira.

---

1. Op. cit., p. 25.
2. Op. cit., p. 53.
3. *RTJ* 93/243.

A renúncia, por seu turno, também deve ser pura ou simples.

Ela tem "eficácia retroativa. Tem-se o renunciante como se jamais tivesse sido chamado à sucessão. Consequentemente, os herdeiros do renunciante não o representam"; explica Orlando Gomes[4].

O art. 1.811 estabelece que ninguém pode suceder, representando o herdeiro renunciante. Se, entretanto, ele for o único legítimo da sua classe, ou se todos os outros da mesma classe renunciarem a herança, poderão os filhos vir à sucessão, por direito próprio (*iure proprio*) e por cabeça.

Na sucessão legítima, a parte do renunciante acresce à dos outros herdeiros da mesma classe e, sendo ele o único desta, devolve-se aos da subsequente (art. 1.810 do CC).

Na sucessão testamentária, por seu turno, aponta Orlando Gomes[5], "variam as soluções conforme as hipóteses que se podem apresentar. A parte do herdeiro renunciante caberá a seu substituto, se o testador o houver designado. Quando não tenha havido designação, transmite-se aos herdeiros legítimos a cota vaga do renunciante".

Pode acontecer que o herdeiro, ao renunciar à herança, prejudique seus credores. Nesse caso, poderão estes, com autorização do juiz, aceitá-la em nome de renunciante (art. 1.813 do CC).

Para tanto, dispõem os credores da habilitação, no prazo de 30 dias do conhecimento do fato (§ 1º).

Após o pagamento das dívidas do renunciante, prevalece a renúncia quanto ao remanescente, que será devolvido aos demais herdeiros (§ 2º).

Sempre lembrando de que os atos de aceitação ou de renúncia da herança são irrevogáveis (art. 1.812 do CC).

---

4. Op. cit., p. 26.
5. Idem, ibidem.

6 EXCLUSÃO DA SUCESSÃO POR INDIGNIDADE

1 Conceito e casos

Indignidade, segundo Clóvis Beviláqua[1], "é a privação do direito, cominada por Lei, a quem cometeu certos atos ofensivos à pessoa ou ao interesse do hereditando".

Aproveitando a lição de Antonio Cicu, Caio Mário da Silva Pereira[2] acentua que o fundamento ético da indignidade é que repugna à ordem jurídica, como à moral, venha alguém a tirar vantagem do patrimônio de pessoa a quem ofendeu, além de constituir motivo que previne e pune o ilícito do herdeiro.

A indignidade difere da deserdação, a primeira (pena) é cominada pela própria lei, naqueles casos que ela enumera, sendo, por outro lado, a deserdação resultante da vontade exclusiva do autor da herança, que a impõe ao culpado por testamento, desde que fundada em motivo legal[3].

Conclui-se que tanto a indignidade quanto a deserdação são mero obstáculo ao recebimento do quinhão sucessório. Não há maiores diferenças entre ambos os institutos, além de simples cotejos de procedimentos. Na deserdação, o próprio autor da herança é quem impõe a penalidade em testamento, em que deve descrever os atos ofensivos que o levou a deserdar. Já na indignidade o testador opta por não a impor, deixando esse mister a quem foi beneficiado com o afastamento do herdeiro ou legatário. Ambas existem desde que os atos ofensivos estejam previstos em lei[4].

Os casos de exclusão da sucessão por indignidade estão apontados na lei (art. 1.814 do CC), taxativamente, como norma de ordem pública, são os "que houverem sido autores, coautores ou partícipes de homicídios doloso ou tentativa deste contra a pessoa de cuja sucessão se tratar, seu cônjuge, companheiro, ascendente ou descendente" (inciso I).

A primeira causa de exclusão é, portanto, o homicídio doloso consumado ou tentado, contra o autor da herança.

Cuida-se, portanto, do homicídio doloso e não culposo. Sendo culposo, resultante de negligência, imprudência ou imperícia, não legitima a exclusão do responsável. Assim,

---

1. *Código Civil comentado* cit., p. 35, obs. 1.
2. Op. cit., p. 37.
3. MONTEIRO, Washington de Barros. Op. cit., p. 62-63.
4. TORRANO, Luiz Antonio Alves. *Indignidade e deserdação*. Campinas-SP: Servanda, 2015. p. 55-56.

também, se o autor da ofensa estiver em legítima defesa ou exercendo regularmente seu direito, ou, ainda, se estiver em estado de demência ou embriaguez.

Entende-se nessa posição aquele que não estiver em condição de compreender o caráter criminoso do fato.

Essa causa de exclusão existe mesmo que o herdeiro não seja o autor direto do homicídio consumado ou tentado, mas também por qualquer participação sua no delito, como coautor, colaborador ou partícipe.

O Código de 2002 estendeu a pena, também quando o delito é praticado contra o cônjuge, companheiro, ascendente ou descendente do autor da herança, presumindo, entendo, o afeto deste a essas pessoas de seu convívio.

O segundo caso de indignidade decorre de crime de denunciação caluniosa em juízo contra o autor da herança ou prática de crime contra sua honra ou de seu companheiro (inciso II).

Ressalta Washington de Barros Monteiro[5] que "a denunciação caluniosa consiste em dar causa a instauração de investigação policial ou de processo judicial contra alguém, imputando-lhe crime de que o sabe inocente. Mas não basta qualquer acusação perante a polícia ou outra repartição pública. Torna-se preciso que seja ela veiculada em juízo criminal, mediante queixa, e se revele falsa e dolosa", nos termos do art. 339 do Código Penal.

É preciso que quem acuse outrem tenha certeza do ilícito penal apontado, não podendo ser leviana a acusação, que deve ser realizada no juízo penal e não cível.

Os crimes contra a honra implicam a calúnia, difamação ou injuria, conforme os textos dos arts. 138 a 140 do Código Penal.

Nesse caso, o Código Civil de 2002 estendeu a ofensa também contra o cônjuge ou companheiro do falecido.

O terceiro caso de indignidade atinge os que, por violência ou meios fraudulentos, inibirem ou obstarem o autor da herança de dispor livremente de seus bens por ato de última vontade (inciso III).

A lei pune, nesse caso, o atentado contra a plena liberdade de dispor por ato de última vontade.

Assim, um ato fraudulento de ocultação de testamento, de sua alteração ou falsificação, às vezes, com dolo ou coação, classifica-se como ato de exclusão.

A exclusão do herdeiro ou legatário, em qualquer desses casos de indignidade, deve ser declarada por sentença judicial (art. 1.815), extinguindo-se o direito de demandar essa exclusão em quatro anos (parágrafo único). Pela Lei n. 13.532, de 7 de dezembro de 2017, esse parágrafo único passou a § 1º e foi incluído um § 2º ("Na hipótese do inciso I do art. 1.814, o Ministério Público tem legitimidade para demandar a exclusão do herdeiro ou legatário").

---

5. Op. cit., p. 65.

2 Reabilitação do indigno

Nosso Código admite expressamente a reabilitação do indigno desde que ela se faça por testamento ou por outro ato autêntico, como a escritura pública (art. 1.818 do CC).

Esse caso de reabilitação por testamento dá-se quando ela se faz expressamente, já estando o testador, nesse momento de testar, com conhecimento da causa de exclusão, devendo ocorrer no limite da sucessão testamentária (parágrafo único). Assim, não se pode admitir esse perdão tacitamente ou de modo presumido.

3 Efeitos da indignidade

Os efeitos da exclusão são pessoais, sendo que os descendentes do herdeiro excluído sucedem normalmente, como se ele estivesse morto antes da abertura da sucessão (art. 1.816 do CC).

O excluído da herança é equiparado, assim, ao morto civil, não tendo, portanto, direito ao usufruto ou à administração sobre os bens que couberem a seus sucessores, não podendo, ainda, ser eventual sucessor desses mesmos bens (parágrafo único).

Antes da sentença de exclusão do herdeiro, são válidas as alienações onerosas de bens hereditários a terceiros de boa-fé e os atos de administração legalmente praticados por ele (primeira parte do art. 1.817 do CC). Todavia, os herdeiros que forem prejudicados poderão pedir perdas e danos (segunda parte).

Daí o excluído da sucessão tem que restituir aos frutos e rendimentos que dos bens da herança houver percebido, tendo direito a ser indenizado das despesas com a conservação deles (parágrafo único).

7 HERANÇA JACENTE E VACANTE

1 Conceito de herança jacente

A herança é jacente quando aguarda a presença de herdeiro. Os herdeiros não são, ainda, conhecidos ou, ainda, quando a herança é renunciada.

O próprio Código Civil, por seu art. 1.823, autoriza que a herança seja "desde logo declarada vacante", quando "todos os chamados a suceder" a "renunciarem".

Na fase de jacência, o Estado cuida da massa hereditária, que jaz, para distribuí-la, na forma da lei, aos herdeiros que surgirem.

Por isso, declara o art. 1.819 do Código Civil que, se alguém falecer sem deixar testamento nem herdeiro legítimo, que seja notoriamente conhecido, seus bens serão arrecadados, ficando sob a guarda e administração de um curador, até que sua entrega seja deferida ao sucessor devidamente habilitado, ou seja declarada sua vacância. Ver arts. 738 e 739 do CPC.

Pela *saisine*, a herança jacente já se transferiu aos herdeiros, desde a morte, mas estes não são ainda conhecidos.

Ensina Caio Mário da Silva Pereira[1] que isso acontece: a) "porque o falecido não deixou cônjuge, companheiro, descendente, ascendentes, ou colateral notoriamente conhecido"; ou b) "porque a tal estado se venha a chegar em razão de renúncias", ou, ainda, c) "na falta de uns e de outros, por não ter o defunto deixado testamento, ou ser este caduco, ou herdeiro instituído ou o legatário ser desconhecido, não existir, ou repudiar a herança ou o legado"; ou d) "nos casos indicados, não haver testamenteiro, ou o designado não existir, ou não aceitar a testamentária".

2 Tramitação

O art. 1.820 do CC determina que a herança será declarada vacante, após praticadas as diligências de arrecadação, com o término do inventário, e depois de expedidos os editais de acordo com a lei processual e de decorrido um ano de sua publicação, quando não haja herdeiro habilitado ou pendência de habilitação.

---

1. Op. cit., p. 63.

O Código de Processo Civil regula essa matéria, em seu art. 741, devendo o juiz expedir editais a serem publicados na rede mundial de computadores, por três meses, ou, não havendo sítio, ao órgão oficial e na imprensa local, por três vezes, com intervalo de um mês, chamando os herdeiros dos sucessores do falecido para se habilitarem no prazo de seis meses contado da primeira publicação.

Tudo nos moldes dos quatro parágrafos desse artigo.

Os credores do falecido têm o direito de pedir o pagamento de seus créditos reconhecidos, nas forças da herança (art. 1.821 do CC).

Esses credores podem habilitar-se nos autos de inventário ou promover ação de cobrança (§ 4º do art. 741 do CPC).

3 Declaração de vacância

A herança será declarada vacante, depois de um ano da publicação do primeiro edital, não havendo herdeiro habilitado, nem habilitação pendente de credor (art. 743 do CPC).

Essa declaração de vacância não prejudicará os herdeiros que legalmente se habilitarem, todavia, decorridos cinco anos da abertura da sucessão os bens passarão ao domínio do Município ou do Distrito Federal, se localizados nas respectivas circunscrições, incorporando-se ao domínio da União quando situados em território federal (art. 1.822, *caput*, do CC).

Destaque-se julgado do Superior Tribunal de Justiça[2], segundo o qual:

> somente após a declaração judicial da vacância, momento em que o domínio dos bens jacentes se transfere ao patrimônio público, após a vigência da Lei n. 8.049, o Município tem legitimidade para recolhimento dos bens, visto que o momento da ocorrência da vacância é inconfundível com o momento da abertura da sucessão ou da morte do *de cujus*, não se aplicando ao ente público o princípio da *saisine*.

Os colaterais devem habilitar-se até a declaração de vacância, sob pena de ficarem excluídos da sucessão (parágrafo único).

---

2. STJ, REsp 164.196/RJ, 4ª Turma, rel. Min. Barros Monteiro, j. 3-9-1998, *DJU* publ. 4-10-1999, *RT* 773/194. No mesmo sentido, TJRJ, Agr. Inst. 00169273220068190000-RJ, 5ª Câm. Cív., rel. Des. Milton Fernandes de Souza, j. 14-6-2006, publ. 26-6-2006.

8 PETIÇÃO DE HERANÇA

1 Conceito

A petição de herança é a ação de que dispõe o herdeiro para ser reconhecido seu direito sucessório e, consequentemente, para conseguir a restituição de sua herança, total ou parcialmente, de quem a possua indevidamente (art. 1.824 do CC).

A ação será contra aquele que estiver possuindo a herança indevidamente.

Menciona Silvio Rodrigues[1] que:

> Além do caso de alguém ter-se apossado, pura e simplesmente – e ilegalmente –, da herança, ou de parte dela, a *petitio hereditatis* é pertinente; por exemplo, quando a herança é recolhida por parentes mais afastados do falecido, e o interessado é parente mais próximo, que se acha em classe preferencial; quando a herança é distribuída entre os herdeiros legítimos, e aparece testamento do *de cujus*, em que outra pessoa é nomeada herdeira; quando o filho não reconhecido do sucedido ingressa com ação investigatória cumulada com a petição de herança.

2 Natureza e efeito da sentença

Sempre se discutiu na doutrina sobre a natureza da ação de petição de herança, se pessoal ou real.

No Direito brasileiro é uma ação real universal, pondera Caio Mário da Silva Pereira[2], "quer o promovente postule a totalidade da herança, se for único da sua classe, quer uma parte dela, se a sua pretensão é restrita a ser incluído como sucessor, entre os demais herdeiros", com fundamento em lições de vários juristas.

E prossegue: "Se o herdeiro, excluído ou não habilitado, intenta ação contra coerdeiro, sua pretensão não é excludente absoluto, objetivando-se na entrega de seu quinhão. Se a *petitio hereditatis* é proposta contra quem não tem qualidade hereditária, pode compreender a totalidade da herança, ainda que ajuizada por um só dos herdeiros" (art. 1.825 do CC).

---

1. Op. cit., p. 87-88.
2. Op. cit., p. 66-67.

Por seu turno, a responsabilidade do possuidor de herança é ligada à restituição dos bens, do acervo, fixada de acordo com sua posse, nos moldes dos arts. 1.214 a 1.222 do CC. Essa responsabilidade será fixada, a partir da citação, aferindo-se pelas regras concernentes à posse de má-fé e à mora (parágrafo único).

Por sua vez, o herdeiro pode demandar bens da herança, mesmo em poder de terceiros, sem prejuízo da responsabilidade do possuidor originário pelo valor dos bens alienados (art. 1.827, *caput*, do CC).

3 Herdeiro aparente

O herdeiro aparente mostra-se perante a sociedade como verdadeiro herdeiro.

Assim, assenta o art. 1.827, parágrafo único, do CC, que são eficazes as alienações onerosas feitas pelo herdeiro aparente a terceiro de boa-fé.

Por outro lado, o herdeiro aparente, que de boa-fé houver pago um legado, não está obrigado a prestar o equivalente ao verdadeiro sucessor, ressalvado a este o direito de proceder contra quem o recebeu (art. 1.128 do CC).

Assim, Renato Tardivo[3] declara que herdeiro aparente "é o que se apresenta como herdeiro e como tal se comporta sem sê-lo, prescindindo de sua boa-fé ou má-fé, porque se mostra aos terceiros como possuidor público, pacífico e não equivocada hereditariedade".

Nesse sentido pronuncia-se Brunetti, aduz Tardivo, em sequência: "Não importa que ele (o herdeiro aparente), possua de boa ou má-fé, que não tenha qualquer título efetivo, de sua posição de herdeiro, que ele se diga ser herdeiro mesmo sabendo que está mentindo: basta que atue como herdeiro e que contenda como se herdeiro fosse".

4 Prescrição

Quando se cuida de ação de estado, ela é imprescritível, pois é um direito da personalidade a identificação da pessoa.

Todavia, quando se cuida da petição de herança, da pretensão econômica, ela é prescritível. Sua exigibilidade, a contar da abertura sucessória, prescreve em dez anos, como admitido pelo Supremo Tribunal Federal, pela Súmula 149 ("é imprescritível a ação de investigação de paternidade, mas não o é a de petição de herança").

Relativamente à prescritibilidade da ação de petição de herança, argumenta Orlando Gomes[4], "no rigor dos princípios, a ação é imprescritível".

---

3. *L'eredere aparente*. v. IV do Studio di Diritto Privato, sob a direção de Mário Rotondi. Padova: Cedam, 1932-x, p. 31-32.
4. Op. cit., p. 265, n. 217.

Ainda que tivesse natureza real, não prescreveria, como não prescreve a ação de reivindicação, a que se equipararia. Fosse ação pessoal, também seria imprescritível porque, destinada ao reconhecimento da qualidade hereditária de alguém, não se perde esta pelo não uso. Busca-se um título de aquisição. Sem reconhecimento não pode ser trancado pelo decurso de tempo. Há de ser declarado, passem ou não os anos.

9 SUCESSÃO LEGÍTIMA

1 Fundamento

Cuidando de sucessão legítima ou sem testamento *ab intestato*, aponta Francesco Messineo[1] entender que seu fundamento está em um conglomerado de deveres de caráter ético, ligado ao defunto, de ter em conta, também depois da morte, as necessidades econômicas dos familiares. A sucessão legítima melhor se entende a reafirmar por parte do ordenamento jurídico o vínculo familiar: parental e conjugal pelo qual os bens do defunto, excluídos os que competem ao Estado, são devolvidos ao núcleo familiar, quase a reconhecer que o vínculo entre o defunto e os familiares supérstites não termina com a morte e que esses familiares são os naturais destinatários dos bens (*intuitus familiae*), que o defunto amealhou e conservou, também em prol da família e, principalmente, dos descendentes (Mengoni).

Com a morte, a família continua a existir, com seu fundamento moral e patrimonial.

2 Ordem da vocação hereditária

A sucessão hereditária estabelece a ordem de sucessão legal.

O Código Civil, por seu art. 1.829, fixa a ordem dos legitimados ao recebimento da herança:

> I – aos descendentes, em concorrência com o cônjuge sobrevivente, ou companheiro(a), conforme decidido pelo STF, salvo se casado ou unido este com o falecido no regime da comunhão universal, ou no da separação obrigatória de bens (art. 1.640, parágrafo único); ou se no regime da comunhão parcial, o autor da herança não houver deixado bens particulares; II – aos ascendentes em concorrência com o cônjuge ou companheiro(a) [cf. STF]; III – ao cônjuge sobrevivente ou companheiro(a); IV – aos colaterais.

Substitua-se a menção ao art. 1.640, parágrafo único, pelo art. 1.641.

Inclua-se, inclusive, o(a) parceiro(a), ante as decisões da jurisprudência.

---

1. *Manuale di diritto civile e commerciale*. 9. ed. Milano: Giuffrè, 1962. v. 6, p. 67.

O princípio é de que a herança primeiro desce (descendentes), depois sobe (ascendentes), ou seja, entre os Romanos, "*hereditas primum descendit, deinde ascendit*".

Essa relação de sucessores é preferencial. Assim, havendo herdeiros de classe dos descendentes, os da classe dos ascendentes nada recebem.

O Código de 2002 inovou com relação ao cônjuge, que sucede em concorrência com os descendentes e com os ascendentes.

A classe mais próxima exclui a mais remota.

Desse modo, havendo descendentes, os ascendentes nada recebem, só os primeiros. Havendo ascendentes, os colaterais nada recebem, só os ascendentes.

Se houver concorrência do cônjuge ou do(a) companheiro(a) com os colaterais, só o primeiro recebe o patrimônio.

Destaque-se, nesse passo, uma exceção ao princípio da relação preferencial constante do art. 17 do Decreto-lei n. 3.200/41, modificado pelo Decreto-lei n. 5.187/43, em favor da mulher brasileira, casada com estrangeiro, por outro regime de bens que não o da comunhão, seguinte: "Art. 17. À brasileira casada com estrangeiro sob regime que exclua a comunhão universal, caberá, por morte do marido, o usufruto vitalício de quarta parte dos bens, se houver filhos brasileiros do casal ou do marido, e da metade, se não os houver".

3 Sucessão do cônjuge e do(a) companheiro(a) e do(a) parceiro(a)

O Supremo Tribunal Federal[2] declarou inconstitucional o art. 1.790 do Código Civil, que estabelecia diferenças entre a participação do companheiro e do cônjuge na sucessão de bens.

O RE 878.694 cuida da união de casal heteroafetivo, e o RE 646.721 refere-se a uma relação homoafetiva, concluindo o Tribunal que não existe meio de discriminação entre cônjuge e companheiro estabelecido no Código Civil, estendendo esses efeitos independentemente de orientação sexual.

O Ministro Luis Alberto Barroso[3] sustentou que o STF já equiparou as uniões homoafetivas às convencionais e que o Código Civil, em vigência desde 2003, chegou atrasado quanto às questões de direito de família.

Não pode haver hierarquização entre as famílias inadmissível na Constituição Federal de 1988.

Assim, considerou-se inconstitucional o art. 1.790 do Código Civil, porque viola princípio como o da igualdade, o da dignidade da pessoa humana, o da proporcionalidade

---

2. REs 646.721 e 878.694 (com repercussão geral reconhecida), j em 10-9-2017.
3. Relator do RE 878.694.

e o da vedação ao retrocesso. Ficou vencido o Ministro Marco Aurélio, votando com ele o Ministro Ricardo Lewandowski.

Foi, então, aprovada a seguinte tese de repercussão geral, para ambos os processos: "No sistema constitucional vigente é inconstitucional a diferenciação de regime sucessório entre cônjuge e companheiro, devendo ser aplicado em ambos os casos o regime estabelecido no art. 1.829 do Código Civil".

O STF reconheceu a união homoafetiva em 5-5-2011.

Assim, entram na consideração dos fatos, os(as) parceiros(as).

Pode, então, ocorrer a sucessão *mortis causa*, do(a) parceiro(a), já que não deve existir qualquer discriminação entre cônjuge, companheiro(a) e parceiro(a).

Desse modo, a inconstitucionalidade do art. 1.790 do Código Civil foi declarada com sete votos favoráveis.

Censuraram esse art. 1.790, ainda, os juristas do Instituto Brasileiro de Direito de Família (IBDFAM) entre os quais Giselda Hironaka e Zeno Veloso.

4   Sucessão dos descendentes

Como visto, a sucessão legítima defere-se, primeiramente, aos descendentes, em concorrência com o cônjuge ou companheiro(a) do falecido, nos moldes do art. 1.829, I, do CC.

Completa o art. 1.830 do CC que somente é reconhecido o direito sucessório do cônjuge sobrevivente, e agora do(a) companheiro(a) sobrevivo, se, ao tempo de morte do outro, não estavam separados de fato há mais de dois anos, salvo prova, nesse caso, de que essa convivência se tornará impossível sem culpa do sobrevivente.

O legislador admite essa concorrência, para evitar que o cônjuge ou o(a) companheiro(a) sobrevivente, fique sem patrimônio, com sua vida comprometida financeiramente. Ele não pode ficar ao abandono material.

Fortalece-se, assim, a família em sentido restrito (pais e filhos).

Assegura-se, ainda, pelo art. 1.831 do CC, ao cônjuge ou companheiro sobrevivente, qualquer que seja o regime de bens, e sem prejuízo da participação que lhes caiba na herança, o direito real de habitação relativamente ao imóvel destinado à residência da família, desde que seja o único daquela natureza a inventariar. Verdadeiro bem de família.

Ao cônjuge ou companheiro(a) caberá quinhão igual ao dos que sucederem por cabeça, não podendo sua cota ser inferior à quarta parte da herança, se for ascendente dos herdeiros com que concorrer (art. 1.832 do CC).

Explicando o art. 1.832 do CC citado, Silvio Rodrigues[4] supõe:

---

4.   Op. cit., p. 98-99.

se o casal tinha três filhos, e falece o marido, a herança será dividida em partes iguais entre a viúva (ou companheira) e os filhos. Porém se o falecido deixou quatro filhos, e tendo de ser reservado um quarto de herança para o cônjuge ou companheiro(a) sobrevivente, os três quartos restantes serão repartidos entre os quatro filhos.

Entre os descendentes, os que estão em grau mais próximo excluem os mais remotos, salvo o direito de representação (art. 1.833 de CC), que será adiante estudado.

Os descendentes da mesma classe têm os mesmos direitos à sucessão de seus ascendentes (art. 1.834 do CC).

Quando todos os herdeiros descendentes estiverem no mesmo grau, a sucessão se processa por cabeça, isto é, a herança se divide em tantas partes quantos forem os herdeiros, independentemente do sexo ou ordem de nascimento. Assim, explica o mesmo jurista Silvio Rodrigues, em sequência: se o finado deixou três filhos, a herança se divide em três partes iguais, cabendo uma a cada filho. Se deixou apenas netos, por haverem os filhos pré-morrido, a herança se divide pelo número de netos, porque se trata de descendentes que se encontram em igualdade de graus (art. 1.835 do CC).

Se, entretanto, os descendentes estiverem em graus diversos à sucessão será por estirpe, desse modo, se o falecido deixar dois filhos vivos e netos de um filho pré-morto, a herança será dividida em três partes: as duas primeiras aos filhos vivos, que herdam por direito próprio; a terceira parte aos netos (filhos do filho pré-morto), que dividirão esse quinhão entre si; sucedendo por representação o pai falecido, por estirpe.

5 Sucessão dos ascendentes

A sucessão dos ascendentes ocorre na falta de descendentes, em concorrência com o cônjuge sobrevivente (art. 1.836 do CC) ou com o(a) companheiro(a), segundo decisão já comentada do STF.

Nessa classe ascendente, o grau mais próximo exclui o mais remoto, sem distinção de linhas (§ 1º). Isso porque, na linha ascendente não existe direito de representação.

Havendo igualdade em grau e diversidade em linha, os ascendentes da linha paterna herdam a metade, cabendo a outra aos de linha materna (§ 2º).

Na concorrência do cônjuge ou do(a) companheiro(a) sobrevivente, o Código não estabelece qualquer limitação. Qualquer que seja o regime matrimonial de bens, haverá a concorrência com os ascendentes do falecido. Essa concorrência com o cônjuge ou companheiro(a) sobrevivo(a) é novidade do Código de 2002.

Completa o art. 1.837 do CC que, concorrendo com ascendente em primeiro grau, ao cônjuge ou companheiro(a) caberá um terço da herança; hierarquia; cabendo-lhe a metade desta se houver um só ascendente, ou se maior for aquele grau.

6 Sucessão do cônjuge do(a) companheiro(a) ou do(a) parceiro(a) sobrevivente

Na falta de descendentes e ascendentes, a sucessão defere-se por inteiro ao cônjuge sobrevivente (art. 1.838 do CC) ou ao(à) companheiro(a) sobrevivo(a).

O cônjuge ou companheiro(a) sobrevivente será, nessa situação, herdeiro universal.

O Código de 2002, desse modo, prestigia a família em sentido estrito (pai, mãe e filhos).

Preconiza o art. 1.839 do CC que o cônjuge ou companheiro(a) sobrevivente deve existir preenchendo as condições do art. 1.830 do mesmo Código, ou seja, ao tempo da morte do outro, não estavam separados judicialmente, nem separados de fato há mais de dois anos, salvo prova de que a convivência se tornara impossível sem culpa do sobrevivente.

Não vejo razão à estipulação desse prazo de dois anos de separação de fato, pois, a partir dessa separação já se encontra o casal livre para contrair nova união.

Ressalte-se, aqui, outra proteção ao cônjuge ou companheiro(a) sobrevivente, já mencionada, constante do art. 1.831 do CC, que assegura direito real de habitação, relativamente ao imóvel destinado à residência da família, desde que seja o único daquela natureza a inventariar, cria a lei, nesse sentido, verdadeiro bem de família ao sobrevivente.

7 Sucessão dos colaterais

Na falta de cônjuge ou de companheiro(a) sobrevivente, nas condições do art. 1.830, são chamados à sucessão os parentes colaterais do falecido, até o quarto grau (art. 1.839 do CC).

Nessa classe, os mais próximos excluem os mais remotos, salvo o direito de representação concedido aos filhos de irmãos, sobrinhos (art. 1.840 do CC). O direito de representação será estudado adiante.

Destaque-se que, se concorrerem à herança irmãos bilaterais do falecido com irmãos unilaterais, cada um destes herdará metade do que cada um daqueles herdar (art. 1.841 do CC).

Esclarecendo que irmãos bilaterais são os filhos do mesmo pai e da mesma mãe e unilaterais são irmãos por parte de pai ou de mãe.

Lembrando que se concorrerem à herança só irmãos unilaterais, herdarão, em partes iguais (art. 1.842 do CC).

O art. 1.843 do CC será estudado com o direito de representação, prevendo que, na falta de irmãos, herdarão os filhos destes e, não os havendo, os tios (*caput*).

Lembrando-se que se concorrem à herança somente filhos de irmãos falecidos, herdarão por cabeça (§ 1º); se concorrerem filhos de irmão bilaterais com filhos de irmãos unilaterais, cada um destes herdará a metade do que herdar cada um daqueles (§ 2º); e se todos forem filhos de irmãos bilaterais, ou todos de irmãos unilaterais, herdarão por igual (§ 3º).

Atente-se que, para excluir da sucessão os herdeiros colaterais, basta que o testador ao dispor de seu patrimônio não os contemple (art. 1.850 do CC).

8 Sucessão do Estado

Não sobrevivendo cônjuge ou companheiro(a), nem parente algum sucessível, ou tendo eles renunciado à herança, esta é devolvida ao Município ou ao Distrito Federal, se localizada nas respectivas circunscrições, ou à União, quando situada em território federal (art. 1.844 do CC).

A herança é arrecada como jacente iniciando-se o procedimento da vacância, como já estudado.

10 DIREITO DE REPRESENTAÇÃO

1 Conceito

Reafirme-se, neste ponto, que a sucessão hereditária ocorre por direito próprio (em seu nome), *iure próprio*, ou por direito de representação, *iure representationis*, representante do outro herdeiro pré-morto, ausente ou incapaz de suceder, no momento da abertura sucessória.

A sucessão dos filhos, ante o pai morto, dá-se por direito próprio, nos termos do estudado art. 1.829 do CC. Recebem a herança por cabeça.

Se, entretanto, os netos sucedem no lugar de seus pais pré-mortos, recebem a herança por representação, por estirpe.

A parte do herdeiro pré-morto é recebida pelos netos do falecido, por representação.

Excepciona-se, nesse ponto, a regra de que o de grau mais próximo sucede o de grau mais remoto.

Essa sucessão por direito de representação conhecida entre os romanos como *sucessio per stirpes*, foi estendida, à época do Imperador Justiniano, aos sobrinhos.

O direito de representação só é possível na sucessão legítima, não sendo possível cogitar-se dele na sucessão testamentária.

Nesse ponto, podemos acolher o conceito de direito de representação esposado por Clóvis Beviláqua[1] segundo o qual ele é uma imposição do princípio da equidade, reparando, do ponto de vista hereditário, a perda sofrida pelo representante, com a morte prematura de seu ascendente. Presume-se, assim, a vontade do falecido de não aquinhoar a prole do parente pré-morto de sua parte hereditária.

O art. 1.851 do CC assenta que o direito de representação ocorre quando a lei chama certos parentes do falecido a suceder em todos os direitos, em que ele sucederia, se vivo fosse.

Explica Domenico Mangano[2] que o direito de representação ocorre em todos os casos que o ascendente não quer ou não pode aceitar a herança por ter pré-morrido ao *de cuius* ou por ser indigno; não quer aceitar quem renuncia a herança ou o legado.

---

1. *Código Civil comentado* cit., v. 6, p. 74.
2. *Istituzioni di diritto privatto*. Ed. Parallelo 38, Reggio Calabria, 1976. v. 2º, p. 59.

2 Tabela dos graus de parentescos

LINHA COLATERAL FEMININA			LINHA RETA			LINHA COLATERAL MASCULINA	
			Trisavô (ó) 4º grau				
			Bisavô (ó) 3º grau				
Tia-Avó 4º grau			Avô (ó) 2º grau				Tio-Avô 4º grau
Filho da Tia-avó 5º grau	Tia 3º grau		Pai-Mãe 1º grau		Tio 3º grau		Filho do Tio-avô 5º grau
Neto da Tia-avó 6º grau	Prima 4º grau	Irmã 2º grau	EU	Irmão 2º grau	Primo 4º grau		Neto do Tio-avô 6º grau
Bisneto da Tia-avó 7º grau	Filho da Prima 5º grau	Sobrinha 3º grau	Filha (o) 1º grau	Sobrinho 3º grau	Filho do Primo 5º grau		Bisneto do Tio-avô 7º grau
Trineto da Tia-avó 8º grau	Neto da Prima 6º grau	Neto da irmã 4º grau	Neto (a) 2º grau	Neto do irmão 4º grau	Neto do Primo 6º grau		Trineto do Tio-avô 8º grau
	Bisneto da Prima 7º grau	Bisneto da irmã 5º grau	Bisneto (a) 3º grau	Bisneto do irmão 5º grau	Bisneto do Primo 7º grau		
	Trineto da Prima 8º grau	Trineto da irmã 6º grau	Trineto (a) 4º grau	Trineto do irmão 6º grau	Trineto do Primo 8º grau		

3 Requisitos do direito de representação

Destaque-se que são pressupostos do direito de representação: a) ter o representado falecido antes do *de cuius*, a não ser no caso de indignidade; b) descender o representante do representado; c) poder o representante herdar do falecido, no momento da morte deste; d) não haver solução de continuidade na sequência dos graus.

No direito brasileiro, interpretando sob letra *a retro*, nem sempre o representante representa o herdeiro pré-morto, podendo no caso do art. 1.816 do CC os herdeiros do indigno suceder por representação como se o sucedido estivesse morto.

No caso do herdeiro renunciante, entretanto, não pode ele ser representado, pois se considera como se jamais tivesse existido (art. 1.811 do CC).

No tocante ao requisito da letra *b*, mencionada, o representante deve descender do representado, seja em que situação for.

No caso da letra *c*, o representante preenche uma vaga deixada pelo indigno, mas não sucede o indigno.

Também, pela letra *d*, mencionada, não pode a sucessão sofrer solução de continuidade.

4 Representação na linha reta descendente e na colateral

O direito de representação dá-se na linha reta descendente, mas nunca ascendente (art. 1.852 do CC).

Viu-se, assim, que os filhos herdam *per capita* (por cabeça) se estiverem no mesmo grau. Em graus diferentes, herdam por estirpe, o que equivale a dizer: herdam por direito de representação.

Por exceção, permite o art. 1.853 do CC. que ocorra direito de representação na linha colateral, transversal, quando for em favor dos filhos de irmãos do falecido (sobrinhos) quando com irmão deste concorrerem.

5 Efeitos da representação

Os representantes só podem herdar, nessa qualidade, o que herdaria o representado se vivo fosse (art. 1.854 do CC).

Por outro lado, na falta de irmãos, se o falecido apenas deixar sobrinhos (filhos de irmãos), estes herdarão por cabeça, em partes iguais (art. 1.843, § 1º, do CC).

Por seu turno, dispõe o art. 1.855 do CC que o quinhão do representado partir-se-á por igual entre os representantes.

Como a renúncia deve ser interpretada restritivamente, enuncia o art. 1.856 do CC que o renunciante à herança de uma pessoa poderá representá-la na sucessão de outra.

11 SUCESSÃO TESTAMENTÁRIA

1 Conceito de testamento e sua natureza

Desde os antigos romanos o testamento era instituto de grande importância. Era mesmo, vergonha morrer em Roma sem testamento, *ab intestato*.

Atualmente, o tema não apresenta tanto interesse, não sendo hábito do brasileiro fazer testamento, embora o instituto mantenha número excessivo de normas, que homenageiam o direito de propriedade. Pois quem é proprietário pode dispor do que é seu, por disposição de última vontade.

O testamento, como o conceituava o Código Civil de 1916, por seu art. 1.626, considerava-se ato revogável pelo qual alguém, de conformidade com a lei, dispõe, no todo ou em parte, do seu patrimônio, para depois de sua morte. Esta conceituação não é recepcionada pelo Código Civil de 2002, que preferiu não a enumerar.

Ele é um negócio jurídico personalíssimo, unilateral, solene e gratuito, podendo objetivar como, na maioria das vezes, disposição patrimonial como também para definir situações de última vontade, em geral, tal o reconhecimento de filho ou de orientação religiosa etc.

O testamento é um negócio jurídico unilateral, aperfeiçoando-se com a simples vontade do testador, e é personalíssimo, exigindo a presença deste, sem a presença de procurador.

Como negócio jurídico, pode ser modificado por cláusulas impostas aos herdeiros que, poderão, entretanto, com as mesmas alterações concordar ou não, para o seu aperfeiçoamento *post mortem*.

Surge, nesse passo, um questionamento: pode o testador inserir condição de que havendo dúvidas poderão ser elas resolvidas por juízo arbitral? Evitando-se discussões judiciais? Poderia, nesse caso, o testador inserir essa cláusula arbitral como condição em pacto antenupcial?

Não vejo como seja impossível tal situação, pois o testador, sendo livre na determinação de sua vontade, pode oferecer por testamento um pacote, que pode ou não ser aceito pelo beneficiário.

É negócio solene, exigindo o cumprimento de solenidades prescritas na lei, sob pena de nulidade.

É também gratuito, não podendo o testador exigir qualquer vantagem em troca.

É, finalmente, negócio revogável por excelência, o que garante a total liberdade do testador de alterar seu entendimento, quanto às disposições de sua vontade *post mortem*. Assim o garante o art. 1.858 do CC. O direito de impugnar sua validade prescreve em cinco anos contados da data do seu registro (art. 1.859 do CC).

Assim, assenta o art. 1.857 do CC que toda pessoa capaz pode dispor, por testamento, da totalidade dos seus bens, ou de parte deles para depois de sua morte.

A legítima dos herdeiros necessários não pode ser incluída no testamento (§ 1º).

São válidas as disposições testamentárias de caráter não patrimonial, ainda que o testador somente a eles se tenha limitado (§ 2º), como o reconhecimento de uma união estável.

2 Capacidade de testar

O art. 1.860 do CC, cuidando da capacidade de testar, nega essa capacidade aos absolutamente incapazes, embora se refira o texto, tão somente, a incapazes. Nesse ponto, não destoa da Lei Brasileira de Inclusão (LBI).

Aliás, o mesmo artigo, por seu parágrafo único, assim o reconhece, pois confere aos maiores de 16 anos (relativamente capazes) a capacidade para testar.

O importante é que, como ressalta o *caput* do mesmo dispositivo legal, deve o testador ter pleno discernimento, saber o que está fazendo.

Por isso, a regra se aplica aos relativamente incapazes (art. 4º do CC, após as revogações feitas pela citada Lei de Inclusão – LBI).

Retirados, então, os maiores de 16 e os menores de 18 (inciso I, revogado), agora capazes, já o eram os maiores de 16 anos, como visto, pelo parágrafo único do citado art. 1.860 do CC, desde que com discernimento.

Assim, continuam impossibilitados da realização testamentária os ébrios habituais e os viciados em tóxicos que não puderem exprimir sua vontade (incisos II e III do citado art. 4º), se o testador não tiver esse discernimento dos fatos.

Os pródigos, que dissipam imoderadamente seu patrimônio, sua fazenda, continuam pela mesma Lei de Inclusão (LBI) como relativamente incapazes (inciso IV do art. 4º do CC), portanto, capazes de fazer testamento, se não lhes faltar o citado discernimento.

Também, porque, se não puder o testador exprimir sua vontade, por falta completa de discernimento dos fatos, não pode existir negócio testamentário.

Silvio Rodrigues[1] esclarece que:

> O art. 1.860 quis dizer que, além dos absolutamente incapazes, não podem testar os que, no momento em que fazem o testamento, não tenham pleno discernimento, o

---

1. Op. cit., p. 150.

que pode decorrer de uma causa permanente ou transitória. Fundamentalmente, no tema de capacidade testamentária ativa, deve exigir-se que o testador não esteja com o seu juízo comprometido, enfim, que tenha discernimento, que possa exprimir livremente a sua vontade, apresentando compreensão e entendimento necessário para perceber, assimilar, alcançar, numa palavra, saber o que está fazendo e qual o significado e extensão do ato que pratica.

Por outro lado, ainda que sobrevenha ao testamento a incapacidade absoluta do testador, tal fato não tem o cordão de invalidá-lo (art. 1.861 do CC). Essa capacidade deve existir, assim, no momento em que o testamento é feito.

Também, por esse artigo, se o testamento é considerado nulo, no momento em que é feito (elaborado por menor incapaz absolutamente), não se consolida jamais, mesmo com a capacidade superveniente do testador, passe o tempo que passar.

3 Captação da vontade do testador como causa anulatória do testamento

O testamento é, como visto, um negócio jurídico, podendo ser anulado por vício do consentimento (erro, dolo ou coação).

Vimos que o prazo prescricional (art. 1.859 do CC), para impugnar a validade do testamento é de cinco anos, a contar da data de seu registro. O dispositivo não distingue entre nulidade e anulabilidade.

Quando o juiz determina a abertura e o registro do testamento, a partir de cinco anos deste último, poderá ser declarado nulo ou anulável.

Entretanto, em caso de captação da vontade do testador, fere-se esta e o vício da vontade, por erro, dolo ou coação, deve ser anulado no prazo de quatro anos, a contar de quando o interessado tiver conhecimento desse vício (art. 1.909 do CC).

Os prazos são diferentes: o do art. 1.859 é amplo e abrange todos os aspectos que podem tornar nulo ou anulável o negócio testamentário; o do art. 1.909 é de anulação em razão de vício da vontade, mais curto, mas com termo inicial diferente.

Para que a captação da vontade exista deve o dolo ser eivado de malícia, mudando a orientação do testador, para premiar outra pessoa que não a de sua escolha. A captação para viciar o negócio precisa ser maculada de fraude, de comportamento doloso do captador.

O alvo da lei é, portanto, o comportamento doloso do captador.

12 FORMAS DE TESTAMENTO

1 Generalidades

O direito anterior ao Código Civil de 1916 admitia entre outras espécies de testamento o nuncupativo, que era feito de viva voz, *in articulo mortis*. Era ele realizado perante seis testemunhas do testador doente, em perigo de morte[1].

A doutrina chegou a admitir outros, o que causava certa insegurança em matéria testamentária. Esse regime antigo foi alterado pelo Código Civil de 1916, que proibiu a realização de testamento nele não prevista.

O mesmo aconteceu com o Código Civil de 2002, que, por seu art. 1.887, declarou expressamente não se admitirem outros testamentos especiais, além dos por ele contemplados.

O legislador houve por bem, ainda, proibir os testamentos conjuntivos, tanto o simultâneo, recíproco ou correspectivo (art. 1.863 do CC).

O testamento conjuntivo é conhecido por testamento de mãos juntas ou comuns, sendo proibido para impedir a dupla manifestação de vontade de testadores em um único testamento. O testamento não pode, assim, servir de negócio bilateral. Por exemplo, um testando em favor do outro.

Lembra, nesse sentido, Washington de Barros Monteiro[2], citando Pacifici-Mazzoni e Lomonacco e casos jurisprudenciais, "que não incidem na proibição legal testamento de duas pessoas, feitos na mesma data, em termos semelhantes e no mesmo tabelião, deixando os bens um para o outro. Tais testamentos não se consideram conjuntivos, pois cada um deles, isoladamente, conserva a própria autonomia".

Podem, assim, cada um, isoladamente, ser objeto de revogação, não se considerando negócio jurídico bilateral.

Ele é simultâneo quando os testadores dispõem em benefício de terceiros e é recíproco quando os testadores se beneficiam, testando um em favor do outro e vice-versa; é, ainda, correspectivo quando os benefícios outorgados a um deles requer também benefícios ao outro.

Os testamentos têm de ser independentes, também por sua natureza de negócio unilateral revogável, por excelência.

---

1. *Ordenações*, Livro IV, tit. 80, § 4º.
2. Op. cit., p. 133.

Os testamentos, assim, quando realizados pelos cônjuges ou companheiros(as) devem ser independentes, sem quaisquer ligações ou condições entre ambos. Assim, um cônjuge ou companheiro(a) pode testar em favor do outro, outorgando-lhe sua parte disponível.

"O fato de marido e mulher fazerem, cada qual, o seu testamento, na mesma data, local e perante as mesmas testemunhas e tabelião, legando um ao outro a respectiva parte disponível, não importa se tolherem mutuamente, a liberdade, desde que o façam em testamentos distintos"[3].

2 Formas de testamento

Pelo sistema do Código Civil brasileiro, há formas de testamento ordinárias e especiais.

Serão estudas as três formas de testamentos ordinárias: público, cerrado e particular (art. 1.862 do CC) e as três formas de testamentos especiais: marítimo, aeronáutico e militar (art. 1.886 do CC).

3 Testamento público

O testamento público é lavrado pelo tabelião, contendo as últimas vontades do testador na presença desse tabelião e de duas testemunhas desimpedidas.

No art. 1.864 do CC estão os requisitos essenciais do testamento público. Deve ser escrito pelo tabelião ou por seu substituto legal, em seu livro de Notas, de acordo com as declarações do testador, que pode valer-se de minuta, notas ou apontamentos (inciso I).

Essa minuta é válida, quando entregue ao tabelião, mesmo que o testador não dite sua vontade, reconheceu o Supremo Tribunal Federal[4].

Depois de lavrado o instrumento deve ser lido em voz alta pelo mesmo tabelião ao testador e às duas testemunhas, a um só tempo; ou pelo testador, se o quiser, na presença destas e do oficial (inciso II).

Após, deve ser esse instrumento assinado pelo testador, pelas testemunhas e pelo tabelião.

Arremata o parágrafo único desse artigo que esse testamento pode ser escrito manualmente ou mecanicamente, ou pela inserção da declaração de vontade em partes impressas de Livro de Notas, desde que rubricadas todas as páginas pelo testador, se mais de uma.

Esses requisitos, como diz a lei, são essenciais e não podem faltar no negócio, sob pena de nulidade.

---

3. STF, RE, 1ª Turma, rel. Min. Neri da Silveira, *DJ* 4-8-1995, p. 22643 – Ementário 1794-04/00685.
4. RE 56.359 e *RTJ* 44/154.

Se as testemunhas instrumentárias não assistiram à integralidade do ato, limitando-se a aporem suas assinaturas na escritura o testamento público, é nulo, julgou o Tribunal de Justiça de São Paulo[5].

Lembra, entretanto, Carlos Roberto Gonçalves[6] que há uma tendência da jurisprudência de afastar "a idolatria ao formalismo exagerado, sempre que tal diretriz não comprometer a essência do ato e a fiel vontade manifestada pelo testador".

Desse modo, cita jurisprudência que julgou que o breve afastamento temporário de algumas testemunhas, durante a lavratura do testamento, é irrelevante[7].

É preciso que se considere caso por caso, para que não sejam essas formalidades "consagradas de modo exacerbado", como entendeu o Superior Tribunal de Justiça[8].

Destaco a manifestação precisa de Zeno Veloso[9] que louva a doutrina e a jurisprudência que não fulminam de nulidade de testamentos por "breves e passageiras ausências das testemunhas" ao ato. Mas não pode aceitar a validação de testamentos "em que as testemunhas não assistiram a redução a escrito (e já não tinham presenciado as declarações orais do testador!), sem que isso importe flagrante desrespeito à expressa norma legal".

Os artigos seguintes cuidam primeiramente do testamento do analfabeto ou de quem não puder assinar.

O art. 1.865 menciona que, nesse caso, o tabelião ou seu substituto legal, deverá assim declarar, assinando, pelo testador, e a seu rogo, uma das testemunhas instrumentárias.

Também quem for inteiramente surdo, sabendo ler, lerá o seu testamento, e se não o souber, designará quem o lerá, presentes as testemunhas (art. 1.866 do CC).

Ao cego só lhe é permitido o testamento público, que lhe será lido em voz alta, duas vezes, uma pelo tabelião ou por seu substituto legal e a outra por uma das testemunhas designada pelo testador, fazendo-se de tudo circunstanciada menção no testamento (art. 1.867 do CC).

A jurisprudência sempre foi meio tolerante a pequenas falhas no testamento público. As formalidades são muitas e suplantam-se, podendo o magistrado valer-se de todas as circunstâncias, para, em regra, validar o testamento público, cujos rigores formais foram reduzidos pelo Código de 2002. O importante é que fique comprovada a ampla liberdade de testar por parte do testador.

O tabelião deve mencionar que as formalidades exigidas por lei foram observadas, também porque o exige o inciso V do art. 215 do CC.

---

5. Ap 009.907-4/0-00, 3ª Câm., relator Des. Mattos Faria, j. 14-11-2000, *RT* 787/223.
6. Op. cit., p. 265.
7. JTJ, *Lex* 206/148; *RT* 596/169; *RF* 143/363.
8. *RSTJ*, 148/467, *RT* 673/168 (STJ).
9. *Testamentos*. 2. ed. Belém: Cejup, 1993. p.147.

4 Testamento cerrado

O testamento cerrado deve ser escrito pelo testador, por outra pessoa, a seu rogo, e por aquele assinado, para ser válido devendo ser aprovado pelo tabelião ou por seu substituto legal, desde que observadas as formalidades seguintes (art. 1.868 do CC): I – que o testador o entregue ao tabelião, em presença de duas testemunhas; II – que o testador declare que nele se contém o seu testamento e que quer que seja aprovado; III – que o tabelião lavre, desde logo, o auto de aprovação, na presença de duas testemunhas, e o leia, em seguida, ao testador e às testemunhas; IV – que o ato de aprovação seja assinado pelo tabelião, pelas testemunhas e pelo testador.

Como visto, esse testamento é secreto, também conhecido como místico, pois só conhece seu conteúdo o testador.

Depois de entregue o testamento ao tabelião, deverá este lavrar o auto de aprovação, este, sim, lido ao testador e às testemunhas.

O parágrafo único desse artigo possibilita que o testamento pode ser escrito mecanicamente desde que seu subscritor enumere e autentique todas as páginas. Nesse ponto, portanto, não há mais controvérsias.

Após a lavratura do auto, que fica preso ao testamento, este deve ser cerrado e cosido e anotado no Livro de Notas do tabelião.

É costume dos tabeliães colocarem um pingo de lacre nos nós das linhas do cosimento (prova material).

Mesmo que o tabelião tenha escrito o testamento a rogo do testador, não estará inibido de aprová-lo (art. 1.870 do CC). São duas funções que exerce, distintas uma da outra.

O testamento cerrado pode, ainda, ser escrito em língua nacional ou estrangeira, pelo próprio testador, ou por outrem, a seu rogo (art. 1.871 do CC).

Não pode, entretanto, dispor de seus bens por testamento cerrado quem não saiba ou não possa ler (art. 1.872 do CC).

Por outro lado, o surdo-mudo pode fazer essa espécie de testamento, devendo escrevê-lo todo e o assinando, e que ao entregá-lo ao oficial público, ante duas testemunhas, escreva na face externa do papel que ele é o seu testamento, cuja aprovação pede (art. 1.873 do CC).

Com a morte do testador, o testamento será apresentado ao juiz, para ser aberto e registrado, desde que não exista vício externo, que o torne nulo ou suspeito de falsidade (art. 1.875 do CC).

Vê-se, logo, que se o lacre estiver rompido ou o testamento dilacerado, pode ele ser inquinado de nulo. Também corre o risco de desaparecer, se cair em mãos de herdeiros necessários, por exemplo.

É um testamento que apresenta muitos riscos embora tenha a vantagem de ser só conhecido pelo testador.

5 Testamento particular

Testamento particular ou hológrafo pode ser escrito de próprio punho ou por processo mecânico, desde que se observem as formalidades, contidas no art. 1.876 do CC.

Se for escrito de próprio punho, deve ser lido e assinado por quem o escreveu (nunca a rogo) na presença de pelo menos três testemunhas, que o devem subscrever (§ 1º).

Se for realizado por meio mecânico, não pode conter rasuras ou espaços em branco, sendo assinado pelo testador, depois de o ter lido perante pelo menos três testemunhas, que também deverão assiná-lo (§ 2º).

Com a morte do testador, será publicado o testamento em juízo, citando-se os herdeiros legítimos (art. 1.877 do CC).

Se as testemunhas forem contestes sobre a disposição dos bens, ou, pelo menos, sobre a leitura perante elas, reconhecendo suas próprias assinaturas, e a do testador, o testamento será confirmado (art. 1.878, *caput*, do CC).

Esse é o papel das testemunhas instrumentárias, principalmente sobre a leitura perante elas e o reconhecimento das aludidas assinaturas, pois pode ser que não descrevam muito bem o fato da disposição, contendo, às vezes, muitas minúcias em vários itens.

Pode acontecer, entretanto, que tenha havido morte ou desaparecimento das testemunhas, com o reconhecimento de pelo menos uma delas, podendo, assim, o testamento ser confirmado, se o juiz entender que há prova suficiente de sua veracidade (parágrafo único).

O novo Código, previu, ainda, a hipótese de, em circunstâncias excepcionais declaradas na cédula, o testamento possa ser confirmado, mesmo sem testemunhas, a critérios do juiz (art. 1.879 do CC). Pode, por exemplo, o testador estar em lugar inexpugnável ou de difícil acesso, ou em risco de vida.

Ressalva, aqui, o Código a importância da vontade do testador provada pelo instrumento.

Sempre existem riscos, em face das referidas testemunhas.

O testamento particular pode ainda ser escrito em língua estrangeira, desde que a compreendam as testemunhas (art. 1.880 do CC).

É conveniente que o testamento hológrafo ou aberto seja datado, ou seja, com indicação do dia em que foi elaborado, mês e ano, lembra C. Massimo Bianca[10], embora não seja esse um requisito essencial. Contudo, isso resolve questões quanto ao cumprimento do ato, ou seja, questões relativas à capacidade do testador e à da posteridade do ato, relativamente a outros testamentos.

Nosso art. 1.876 do CC não registra a necessidade de colocar-se data, no testamento particular, sendo, entretanto, de recomendar-se que se a coloque.

---

10. *Diritto civile*, II. La Famiglia-Le Sucessioni. 2. ed. Milano: Giuffrè, 1989. p. 568, n. 343.

Também não é requisito essencial o local de sua elaboração, bem como reconhecimento da letra e firma do testador[11].

6 Codicilo

O Código Civil de 2002 seguiu orientação do Código anterior, sendo o art. 1.881 daquele tão casuísta quanto o art. 1.654 do anterior, estabelecendo que:

> Toda pessoa capaz de testar poderá, mediante escrito particular seu, datado e assinado, fazer disposições especiais sobre seu enterro, sobre esmolas de pouca monta a certas e determinadas pessoas, ou, indeterminadamente, aos pobres de certo lugar, assim como legar móveis, roupas ou joias, de pouco valor, de seu uso pessoal.

Essas menções são meramente enunciativas, podendo existir outras.

O próprio Código refere outras utilizações do codicilo, como podendo o testador nomear ou substituir testamenteiros (art. 1.883), perdoar o indigno (art. 1.818, por fato autêntico), ordenar despesas para custear sufrágios por sua alma (art. 1.998, 2ª parte, do CC).

O codicilo pode ser feito, independentemente da existência, ou não, de testamento, podendo assim, ser parte deste ou ter vida autônoma (art. 1.882 do CC).

Quanto à menção de "esmolas de pouca monta" ou joias de "pouco valor", verdadeiros *standards* jurídicos, caberá ao juiz, em cada caso concreto determinar a limitação. Para uns, o que é de muito valor, pode ser de nenhum para outros, dependendo da fortuna em jogo.

Entretanto, foi descaracterizado codicilo, constituindo legado de alto valor, encerrando mensagens delirantes, sem sentido, não estando sequer devidamente assinado, decidiu o Tribunal de Justiça do Rio Grande do Sul[12].

No codicilo, podem, assim, conter recomendações do testador, no meu entender, por exemplo, o reconhecimento de um filho, ou a união estável com determinada pessoa, ou o desejo de que seja o testador cremado ou a existência de um pequeno débito, entre outras situações, podendo o juiz, havendo dúvidas, proceder às investigações que entender necessárias.

Os codicilos podem ser revogados por atos iguais (art. 1.884 do CC), sendo certo que havendo testamento posterior, deve confirmar o codicilo ou modificá-lo, sob pena de revogá-lo.

---

11. GOMES, Orlando. Op. cit., p. 126.
12. Ap 70.000.848.614, 7ª Câm., relatora tese Maria Berenice Dias, j. 9-8-2000, *RT* 785/372.

Aponta Caio Mário da Silva Pereira[13], comentando esse dispositivo legal, que o codicilo "jamais terá, todavia, a força de revogar um testamento" (Carlos Maximiliano).

Escuda-se, nesse caso, nas lições de Carlos Maximiliano (*Direito das sucessões*, v. I, n. 519).

Finalmente, lembre-se de que se o codicilo estiver fechado, deverá ser aberto do mesmo modo que o testamento cerrado (art. 1.885 do CC).

Nesse caso, o codicilo deve revestir a forma de testamento cerrado.

7 Testamento marítimo e aeronáutico

Se a pessoa estiver em viagem, a bordo de navio nacional, de guerra ou mercante, pode fazer o seu testamento perante o comandante (capitão), em presença de duas testemunhas, pela forma de um testamento público ou cerrado (art. 1.888 do CC).

O registro do testamento será feito no diário de bordo (parágrafo único), que é equiparado ao Livro de Notas do tabelião.

Esse é o testamento marítimo, de pessoa que esteja doente, a bordo de navio com receio de morrer durante a viagem.

Do mesmo modo, se a pessoa estiver a bordo de aeronave militar ou comercial, poderá testar perante pessoa designada pelo comandante, observando-se os moldes do artigo antecedente (art. 1.889 do CC).

O testamento marítimo e aeronáutico ficará sob a guarda do capitão ou comandante, que o deverá entregar às autoridades administrativas do primeiro porto ou aeroporto nacional, contra recibo averbado no diário de bordo (art. 1.890 do CC).

Esses testamentos, assim, são realizados em estado de urgência e caducarão, se o testador não morrer na viagem, nem nos 90 dias subsequentes ao seu desembarque em terra, em que possa fazer outro testamento, na forma ordinária (art. 1.891 do CC).

Essa forma de testamento marítimo só será válida em caráter extraordinário, pois se o navio estiver ancorado, em porto onde puder ser realizado validamente o testamento, em situações normais, não valerá o testamento marítimo (art. 1.892 do CC).

8 Testamento militar

O testamento dos militares, e demais pessoas a serviços das Forças Armadas, em campanha dentro ou fora do País, assim como em praça sitiada, ou que esteja de comunicações interrompidas, poderá ser feito, se não houver tabelião ou seu substituto legal, perante duas ou três testemunhas, se o testador não puder, ou não souber assinar, caso em que assinará por ele uma delas (art. 1.893, *caput*, do CC).

---

13. Op. cit., p. 256.

Essa maneira de testar assemelha-se ao testamento público, sendo feito pelo comandante, na hipótese do § 1º pelo oficial de saúde, se o testador estiver hospitalizado, na hipótese do § 2º, pelo que substituir o oficial mais graduado quando for este o testador, na hipótese do § 3º.

Pode ele revestir-se da forma de testamento cerrado (art. 1.894 do CC), se o testador souber escrever, desde que o apresente, aberto ou cerrado, na presença de duas testemunhas, ao auditor, ou ao oficial de patente.

O testamento militar caducará, assenta o art. 1.895 do CC, se o testador estiver 90 dias seguidos em lugar onde possa testar normalmente, a não ser que o seu testamento apresente as solenidades prescritas no parágrafo único do artigo antecedente.

O testamento militar pode ser feito, ainda, pela forma nuncupativa, quando o testador estiver em combate ou ferido, situações em que o testamento pode ser realizado oralmente, confiando sua última vontade a duas testemunhas (art. 1.896 do CC). Esse testamento perde seu efeito se o testador não morrer na guerra ou convalescer do ferimento (parágrafo único).

Deve, neste caso, o juiz agir com toda a cautela, pois se trata de uma forma muito perigosa de testar, baseada na confiança das referidas duas testemunhas.

9 Testemunhas testamentárias

O Código Civil de 1916 editou, em seu art. 1.650, o rol de pessoas que não podiam ser testemunhas em testamentos: I – os menores de dezesseis anos; II – os loucos de todo o gênero; III – os surdos-mudos e os cegos; IV – o herdeiro instituído, seus ascendentes e descendentes, irmãos e cônjuge; e V – os legatários.

Já o Código atual, não recepcionando artigo específico às Sucessões, editava, em seu art. 228, as pessoas que não podiam ser admitidas como testemunha.

Declare-se, inicialmente, que o atual Código de Processo Civil (Lei n. 13.105/2015) revogou, expressamente, o art. 227 do CC, por seu art. 1.072.

O art. 227 tratava dos casos de prova exclusivamente testemunhal, limitando-a.

Pelo novo art. 442 do CPC a prova testemunhal é sempre admissível, não dispondo a lei de modo contrário.

Portanto, não apresenta sustentáculo o parágrafo único desse revogado art. 227, *caput*, do CC, já que a prova testemunhal não apresenta mais limitações, não podendo ser subsidiária ou complementar.

Por outro lado, o art. 228 do CC elencava as pessoas que não podiam servir como testemunhas (como também o revogado art. 405 e parágrafos do CPC de 1973), tendo sido expressamente revogados seus incisos II e III pela Lei n. 13.146/2015 (Estatuto da Pessoa com Deficiência).

Assim, atualmente, não podem depor como testemunhas, além dos menores de 16 anos, os que não tiverem discernimento à prática dos atos (negócios) da vida civil, permanecendo vigentes os outros incisos.

Ressalte-se, entretanto, nesse passo, a fragilidade da prova testemunhal, isoladamente considerada.

Às vezes o número excessivo de depoimentos testemunhais não deve impressionar, sendo eles desconexos ou contraditórios.

Todavia, um depoimento isolado pode ser fundamental, dada a seriedade e a idoneidade da testemunha.

Tudo fica a critério cuidadoso do juiz na escolha do depoimento que melhor estiver de acordo com a verdade dos fatos.

Desse modo, como visto, não podem depor os menores de 16 anos. Abaixo desse limite de idade, pareceu ao legislador, a pessoa não se encontra em condições de depor, sem suficiente formação para entender os fatos sociais. Também o Código de 1916 assim entendeu (art. 142, III).

Assim, não podem depor também o interessado no litígio, o amigo íntimo ou o inimigo capital das partes (inciso IV do art. 228 – inciso IV do art. 142 do CC de 1916).

Também os cônjuges e os parentes próximos (ascendentes, descendentes e colaterais, até terceiro grau de alguma das partes no processo, por consanguinidade ou afinidade) não podem depor como testemunhas (inciso V do art. 228 – inciso V do art. 142 do CC de 1916, que se refere tão só a cônjuges).

Devem ser incluídos, por obra da jurisprudência, como visto, o(a) companheiro(a) e o(a) parceiro(a).

Todas as pessoas impedidas de depor, mencionadas nesse art. 228 do Código Civil, podem ser ouvidas em juízo, se forem as únicas sabedoras dos fatos. Diz o § 1º antigo e o parágrafo único desse dispositivo legal que o juiz poderá admitir, nesse caso, "o depoimento" dessas pessoas.

Esclareça-se que o antigo parágrafo único do mencionado art. 228 passou a § 1º, com o mesmo texto, criando o Estatuto da Pessoa com Deficiência um novo parágrafo (§ 2º) com o seguinte teor: "A pessoa com deficiência poderá testemunhar em igualdade de condições com as demais pessoas, sendo-lhe assegurados todos os recursos de tecnologia assistiva".

Assim sendo, completa o art. 447, § 4º, do Código de Processo Civil, "sendo necessário, pode o juiz admitir o depoimento das testemunhas menores, impedidas ou suspeitas", todavia os seus depoimentos "serão prestados independentemente de compromisso (§ 5º)", devendo o juiz atribuir a eles o valor que entender justo ao caso.

Prefiro admitir, nessa situação, que sem esse compromisso de dizer a verdade, somente a verdade, não se trata, propriamente de depoimentos, mas de declarações ou informações que auxiliem ao magistrado no descobrimento da verdade.

Esse art. 447 do Código Processual Civil destaca em seus três primeiros parágrafos os que são incapazes de depor, os impedidos e os suspeitos.

Como incapazes (§ 1º): os interditos; os acometidos de enfermidade ou deficiência mental e sem discernimento; o menor de 16 anos; e o cego e o surdo, quando não puderem perceber os fatos pelos seus sentidos.

Como impedidos (§ 2º) destaca o cônjuge, o companheiro, inclua-se o parceiro, o ascendente e o descendente, em qualquer grau e o colateral, até 3º grau; e o que é parte na causa, ou que intervém em nome dela ou quem assistiu as partes (tutor, representante legal da pessoa jurídica, juiz, advogado e outros).

Como suspeitos (§ 3º): o inimigo ou amigo íntimo da parte; e o que tiver interesse no litígio.

Por outro lado, ninguém pode ser obrigado a depor (art. 229 do Código Civil e art. 153 do Código Penal) se deve guardar segredo por estado ou profissão (inciso I do citado art. 229 e art. 154 do Código Penal); se para ressalvar sua honra ou de seu cônjuge, companheiro(a) ou parceiro(a), parente em grau sucessível ou amigo íntimo (inciso II e arts. 347, I, 363, III, e 448, I, do CPC); se houver perigo de vida, de demanda ou de dano patrimonial imediato, as pessoas atrás referidas (inciso III e art. 404, III, do CPC).

Aliás, é preceito constitucional a salvaguarda aos direitos da personalidade, sendo invioláveis a intimidade, a vida privada, a honra e a imagem das pessoas (inciso X do art. 5º da Constituição Federal de 1988).

13 DISPOSIÇÕES TESTAMENTÁRIAS EM GERAL

1 Generalidades

O presente capítulo cuida do conteúdo do testamento, estabelecendo algumas regras relativas à nomeação de herdeiros e legatários.

O testamento apresenta disposições de cunho pessoal e patrimonial, sendo estas as mais numerosas.

Podem, assim, as disposições ser de cunho meramente pessoal, como em regra, salienta Carlos Roberto Gonçalves[1] a nomeação de tutor para filho menor, o reconhecimento de filho havido fora do casamento, a imposição de cláusula restritiva, havendo justa causa, a educação de filho, a reabilitação do indigno, a recomendação sobre enterro e sobre sufrágios religiosos.

Os beneficiados com o testamento são sempre pessoas, físicas ou jurídicas, todavia é muito comum existirem recomendações a animais de estimação, designando-se pessoas para cuidarem deles, até com destinação de valores para tanto.

Explica Paolo Gallo[2] que a sucessão hereditária ocorre a título universal, no qual se deve falar em herança, ou a título particular, em que está presente o legado, percebendo-se facilmente a diferença, sendo que a herança está presente nas relações transmissíveis por causa da morte ou em uma cota da herança com outros herdeiros, ao passo que o legatário é destinatário de algo que o testador quis atribuir, por exemplo uma coisa singular: um quadro, um relógio, uma joia.

Pode o testador legar, por exemplo, uma casa, como um bem determinado.

2 Nomeação de herdeiro ou legatário

Essa nomeação deve constar expressamente do testamento, de modo claro, a indicar a completa identidade da pessoa beneficiada, física ou jurídica. Não se admitem simples conselhos, como o de cuidar de alguém ou de beneficiar os pobres do bairro.

---

1. *Direito Civil brasileiro*. 7. ed. São Paulo: Saraiva, 2013. v. 7, p. 321.
2. *Istituzioni di diritto privato*. Torino: G. Giappichelli, 1999. p. 1034, item 6.

Pode essa nomeação fazer-se pura e simplesmente, sob condição, para certo fim ou modo, ou por certo motivo (art. 1.897 do CC).

Será sob condição, quando for consolidada a eficácia da instituição com realização de evento futuro e incerto.

Aplicam-se, nesse caso, as regras fundamentais estabelecidas na Parte Geral do Código, pelos seus arts. 121 e seguintes.

Não pode, assim, sujeitar-se a condição ao mero arbítrio de outrem, como exemplo "meu amigo Antônio será herdeiro se meu filho Paulo concordar".

O art. 1.897 que vem sendo analisado, além da condição, refere, ainda, que a nomeação de herdeiro ou legatário possa existir para certo fim ou modo ou por certo motivo.

Esse artigo permite que a instituição se efetue para certo fim ou mediante imposição de determinado encargo, conclui Washington de Barros Monteiro[3]. Em tais condições, acrescenta que será válida a disposição pela qual fique o herdeiro legatário obrigado "por certa dívida"[4], "ou com encargo de levantar um mausoléu para o *de cuius*, ou, ainda, da alimentar determinada pessoa".

Lembrando-se de que o encargo é de natureza coercitiva, não suspendendo a aquisição nem o exercício do direito hereditário (art. 136 do CC). A condição é suspensiva.

Salienta Orlando Gomes[5] que:

> O inadimplemento da Obrigação estabelecida como encargo não acarreta a resolução do direito do herdeiro, ou legatário. Resolve-se unicamente no caso de estar prevista a sua caducidade na própria disposição testamentária. O direito do beneficiário é limitado à pretensão de um cumprimento específico, do encargo e, não sendo isso possível, à de ressarcimento dos prejuízos.

Quanto à nomeação do herdeiro ou legatário por certa causa, melhor por certo motivo (alteração terminológica do Código de 2002), pondera Washington de Barros Monteiro[6], o testador não está obrigado a declinar as razões de favorecimento de certa pessoa.

Tais razões, portanto, despiciendas, salientando o mesmo autor[7] que se o testador fez legado a certa pessoa, por lhe ter salvo a vida, apurada a falsidade ou erronia dessa afirmação, não se invalida a disposição.

A não ser que seja a causa determinante do ato. Por exemplo, só deixo o legado, a alguém se ficar comprovado que ele salvou a minha vida.

---

3. Op. cit., p. 165.
4. O autor cita, nesse caso, *RT* 183/297.
5. Op. cit., p. 158.
6. Op. cit., p. 165.
7. Idem.

Salienta Orlando Gomes[8] que a disposição por certa causa, isto é, a disposição motivada, não se confunde com a cláusula modal (encargo), porque o motivo respeita ao passado, enquanto que o modo ao futuro, escudado em Itabaiana de Oliveira.

Por outro lado, a disposição do tempo em que deva começar ou cessar o direito do herdeiro, salvo nas disposições fideicomissárias, ter-se-á por não escrita, reza o art. 1.898 do CC.

Diante desse dispositivo legal, o Código Civil brasileiro proíbe a instituição de herdeiro a termo, a não ser nas disposições fideicomissárias, como adiante será estudado.

Destaca, assim, Alberto Trabucchi[9], a inadmissibilidade de termo na instituição de herdeiro, "nem inicial, porque o herdeiro é chamado a continuar sem soluções no tempo a personalidade do defunto; nem final, porque *semel heres, semper heres*" (uma vez herdeiro, sempre herdeiro). "Um eventual termo seria como não escrito". Admite-se, entretanto, legado a termo, pois a proibição de nomeação de herdeiro a termo não existe quanto aos legados.

Comenta Silvio Rodrigues[10]: como "a regra só se refere à herança, e como as disposições proibitivas se interpretam estritamente, nada impede a nomeação de legatários a termo".

Continua o mesmo autor:

> Para remediar a apontada inconsequência, o legislador deveria ou proibir também a instituição sob condição, ou permitir a instituição a termo.
>
> Entre as duas soluções, é preferível a última, pois menor é a restrição à liberdade individual. Além disso, ela representa um retorno à tradição do direito luso-brasileiro.

A quebra dessa regra provoca a ineficácia do termo (ter-se-á por não escrito).

Portanto, se a cláusula designar o momento em que deva iniciar-se ou cessar o direito do herdeiro, deve entender-se que houve instituição pura[11].

3 Nulidades de disposições testamentárias

O art. 1.900 do CC dispõe sobre nulidades de disposições testamentárias, como a do herdeiro ou legatário instituído sob condição captatória de que o beneficiário disponha também em benefício do testador ou de terceiro (inciso I).

Também é nula quando a disposição agraciar pessoa incerta, sem poder ser averiguada (inciso II), ou quando a determinação da identidade do beneficiário ficar a cargo de terceiro (inciso III).

---

8. Op. cit., p. 159.
9. *Istituzioni di diritto civile* cit., p. 858, n.383.
10. Op. cit., p. 184.
11. Ver RODRIGUES, Silvio. Op. cit., p. 185 e Ferreira Alves por ele citado.

Nulo também o legado cujo valor deva ser fixado ao arbítrio do herdeiro ou de outrem (inciso IV).

Finalmente, é nula a disposição que favoreça as pessoas mencionadas nos arts. 1.801 e 1.802 (que não podem ser nomeadas herdeiras ou legatárias; e as pessoas não legitimadas a suceder).

Valerá, entretanto, a disposição em favor de pessoa incerta que deva ser determinada por terceiro, entre duas ou mais pessoas mencionadas pelo testador, ou pertencentes a uma família, ou a um corpo coletivo ou a um estabelecimento por ele designado (art. 1.901, I, do CC).

Embora casuístico, esse artigo mostra que será válida a disposição se for possível, com dados fornecidos pelo testador, identificar o beneficiário.

Também é válida a estipulação do valor do legado, quando se tratar de remuneração de serviços prestados ao testador, em razão da doença de que faleceu, ainda que fique ao arbítrio do herdeiro ou de outrem (inciso II).

Se a condição for ilícita, será nula, por exemplo, que tolha a liberdade, de modo absoluto, à prática de um ato jurídico: será herdeiro o beneficiário que ficar solteiro (impedido de se casar; *si non nupserit*).

Todavia, se a liberdade for limitada, não absoluta, será válida a limitação. Por exemplo, se o herdeiro ou o legatário não se casar com fulano de tal, inimigo do testador.

Também será nulo o testamento se houver erro na designação da pessoa do herdeiro ou do legatário ou da coisa legada, a não ser que, por outras evidências, possam a pessoa ou a coisa aludidas ser identificados (art. 1.903 do CC).

Todas essas regras casuísticas não impedem que existam outras, que se apliquem em caso de dúvidas, desde que descoberta e comprovada a vontade do testador.

4   Interpretação dos testamentos

Aqui, o intuito é o de aproveitar ou salvar de dúvidas, descobrindo a verdadeira vontade do testador.

O testador deve ser sempre claro, para que se evitem dúvidas, pois qualquer interpretação pode macular a sua vontade.

Interpretatio cessat in claris (a interpretação cessa ante a clareza do texto).

Esse é o sentido do art. 112 do CC[12], que contém, praticamente, a única regra geral de interpretação do negócio jurídico: "as declarações de vontade se estenderá mais a intenção nelas consubstanciada do que ao sentido literal da linguagem". Melhor dizer-se "nas manifestações de vontade", e não declarações, pois nem sempre a vontade, em geral, é declarada.

---

12.   Esse artigo inspira-se no ensinamento de Celso (D.1.3.17), que, quanto à interpretação das leis, mencionou: *Scire leges, hoc non est verba earum tenere, sed vim ac postestatem* (saber as leis não é ter o seu verbo, mas sua força e o seu poder).

Em primeiro lugar, busca-se a liberalidade, a clareza da linguagem.

Assim, por exemplo, se o testador lança uma manifestação de deixar toda a sua herança disponível a seu irmão, herdeiro obrigatório, necessário, e não a um amigo que lhe salvou de um desastre econômico, prevalecerá o entendimento de que ele quis premiar seu amigo e não seu irmão, porque este não é seu herdeiro necessário.

O erro de direito cometido pelo testador deve ser corrigido, prevalecendo sua vontade de agraciar seu amigo, no caso do exemplo.

Assim prevalece quanto possível a vontade do testador.

Esse art. 112 acolhe princípio de hermenêutica, como visto, o único na parte geral do Código e que se repete no Direito Sucessório, em seu art. 1.899 que assenta: "Quando a cláusula testamentária for suscetível de interpretações diferentes, prevalecerá a que melhor assegure a observância da vontade do testador". Com idêntica redação rezava o art. 1.666 do CC de 1916.

De lembrar-se, nesta oportunidade, o clássico ensinamento de hermenêutica jurídica de Francisco de Paula Baptista[13], ao cuidar dos elementos da interpretação (para ele: gramatical, lógico e científico), pelo qual

> Pode qualquer destes elementos exercer tal preponderância, ou tomar tamanha parte no ato da interpretação, que seja desnecessário fazer menção dos demais. Assim, umas vezes são as palavras que com suas significações próprias determinam o sentido da lei (interpretação geralmente conhecida por gramatical); outras vezes o pensamento em sua verdade é que determina o sentido, retificando as palavras (interpretação lógica); mas em qualquer dos dois métodos, que segundo as circunstâncias for empregado, os três elementos estarão presentes como necessários para dar ao intérprete plena consciência da lei [ou do contrato].

Prelecionando sobre essa matéria, Joaquim Ignácio Ramalho[14] ensina que "o elemento gramatical diz respeito à forma exterior da lei" (ou do contrato), "à sua letra. Sendo a linguagem o meio de que o legislador" (ou contratante) "se serve para manifestar a sua vontade, por isso tem o intérprete necessidade de conhecer a significação das palavras, a fim de que, fazendo uso delas, possa descobrir o pensamento do legislador" (ou do contratante).

Por seu turno, baseando-se em De Ruggiero, assevera Miguel Maria de Serpa Lopes[15]: "pode-se dizer que a interpretação gramatical é a que realiza o primeiro movimento de pesquisa, e o aforismo *in claris* apenas significa que, se no preceito transluzir inequívoca a vontade do legislador" (ou do contratante), "não se deve admitir, sob o pretexto de interpretar a lei" (o contrato), "a procura de um pensamento ou de uma vontade diversa".

---

13. *Compêndio de hermenêutica jurídica*. São Paulo: Saraiva, 1984. p. 10-13 (Clássicos do Direito Brasileiro).
14. *Cinco lições de hermenêutica jurídica*, no mesmo exemplar atrás citado, Lição III, p. 106-107.
15. *Curso de direito civil*. 2. ed. Rio de Janeiro: Livraria Freitas Bastos, 1957. v. I, p. 152.

Nessa espécie interpretativa, deve-se levar em conta, primeiramente, a expressão vocabular, sendo conhecido um dos conselhos fornecidos pelos autores, e decorrentes dos fundamentos invocados pelas decisões dos tribunais, conforme faz ver Eduardo Espínola[16], com fundamento nas leis inglesas (The laws of England, v. 7. p. 511), qual seja: "Quando o juiz verificar que certas palavras, como as que se usam nas artes, no comércio etc. foram empregadas em sentido técnico, diferente do sentido ordinário, deve construir o contrato de conformidade com aquele".

Por isso que aduz esse citado jurisconsulto: "Fora daí, porém, as palavras se devem entender no sentido gramatical e comum. É essa, dizem os tribunais norte-americanos, a regra áurea da construção".

Arremata Miguel Reale[17], lecionando:

> Se se afirma que a interpretação gramatical, a lógica e a sistemática não podem, cada uma de per si, dizer-nos o que o Direito significa, estamos de pleno acordo, mas não cremos que a necessidade de unidade nos impeça de apreciar, por exemplo, um texto à luz de seus valores gramaticais: o essencial é que se tenha presente a correlação daquelas interpretações particulares como simples momentos do processo global interpretativo, em si uno e concreto.

Como visto, esta última afirmação não se choca com a aplicação isolada dos critérios interpretativos.

Outra regra importante sobre interpretação está no art. 113 do CC, *verbis*: "Os negócios jurídicos devem ser interpretados conforme a boa-fé e os usos do lugar de sua celebração".

Essa novidade não encontra correspondente no Código de 1916.

Também oportuno o destaque de Carlos Roberto Gonçalves[18], quando lembra, uma distinção importante concerne ao sentido que se deve dar às palavras empregadas. No contrato prevalece o sentido usual e comum no lugar em que foi celebrado; no negócio jurídico *mortis causa* prevalece o fator subjetivo, sobreleva o vocabulário pessoal do testador, seu modo peculiar de falar e empregar as palavras, considerando seu significado no local e no ambiente em que vivia. Ou seja: cogita-se mais da vontade, expressa ou presumida, do estipulante[19].

Com os temperamentos e limitações que tais diferenças ensejam, aduz Carlos Gonçalves que é de admitir que as regras de interpretação dos contratos sejam aplicáveis aos testamentos.

---

16. *Manual do Código Civil brasileiro*. 2. ed. Rio de Janeiro: Jacintho Ribeiro dos Santos, 1929. v. III, Parte Primeira, p. 192 e nota 21.
17. *Lições preliminares de direito*. 27. ed. ajustada ao CC de 2002. São Paulo: Saraiva, 2004. p. 292.
18. Op. cit., p. 323.
19. VELOSO, Zeno. *Comentários ao Código Civil*. Parte especial. Direito das sucessões. Coord. Antonio Junqueira de Azevedo. São Paulo: Saraiva, 2003. v. 21, p. 205.

Assenta, ainda, o ensinamento de Carlos Maximiliano, pelo qual interpretar é perquirir e revelar qual o verdadeiro sentido e o alcance das disposições testamentárias. É obra de discernimento e experiência, bom senso e boa-fé. Esforça-se o intérprete por fixar, em face de todas as circunstâncias, a vontade real, verdadeira, contida em cada disposição[20].

Por outro lado, a lei, por seu art. 1.902 (Código Civil) interpreta a vontade no testador, no tocante à deixa, em geral, em favor dos pobres, devendo entender-se que os pobres serão os pertencentes à localidade (domicílio) do testador, prevalecendo os estabelecimentos públicos aos privados.

Nota e critica Silvio Rodrigues[21] que, "por meio dos arts. 1.904 a 1.907, desce também o legislador ao pormenor para esclarecer a vontade do testador, quando este não importou de fazê-lo. Assim, esclareceu no art. 1.904 que, nomeados vários herdeiros, sem discriminação da parte de cada um, dividir-se-á entre todos a porção disponível do testador".

> Se o testador nomear individualmente certos herdeiros, e a outros nomear coletivamente, a lei interpreta sua vontade no sentido de a herança se dividir em tantas quotas quantos forem os indivíduos e os grupos designados, de um quinhão e os indicados coletivamente dividam entre si o quinhão cabente ao grupo (art. 1.905).

E aduz o mesmo Autor, prosseguindo, "O art. 1.906 é outro dispositivo supérfluo. É obvio e já foi visto que, se o testamento não abranger todos os bens do testador, o remanescente caberá aos herdeiros legítimos. Não havia mister de repetir".

"Finalmente", finaliza o mesmo Silvio Rodrigues, "o art. 1.907 também interpreta a vontade do *de cuius*, na hipótese de este determinar os quinhões de uns e não os de outros herdeiros, declarando que a estes últimos caberá o que restar depois de completar as porções hereditárias dos primeiros".

Outra interpretação vem no art. 1.908, seguinte: "Dispondo o testador que não caiba ao herdeiro instituído certo e determinado objeto, entre os da herança, tocará ele aos herdeiros legítimos".

5 Ineficácia das disposições testamentárias

Determina, finalmente, o Código (art. 1.909) que são anuláveis as disposições testamentárias inquinadas de erro, dolo ou coação, que são vícios da vontade. Estingue-se em quatro anos o direito à anulação do dispositivo contaminado, contados a partir de quando o interessado tiver conhecimento do vício (parágrafo único).

Assim, a ineficácia de uma disposição testamentária importa a das outras que, sem aquela, não teriam sido estipuladas pelo testador (art. 1.910 do CC).

---

20. MAXIMILIANO, Carlos. *Direito das sucessões*. 2. ed. Rio de Janeiro: Freitas Bastos, 1942. v. II, n. 597, p.82.
21. Op. cit., p. 182-183.

6 Cláusulas restritivas

As cláusulas restritivas são as de inalienabilidade, impenhorabilidade e incomunicabilidade.

A primeira delas é que apresenta maior força de paralisação de um bem em determinado patrimônio.

Por isso, a cláusula de inalienabilidade implica impenhorabilidade e incomunicabilidade, assenta o art. 1.911 do CC, o que já se reconhecia com a Súmula 49 do STF. Só pode ser imposta aos bens por ato de liberalidade, por doadores ou testadores.

Já vimos, atrás, na análise do art. 1.848 do CC, que essas cláusulas restritivas não podem ser estabelecidas pelo testador sobre bens da legítima, salvo se houver justa causa, porque a legítima é garantida livre aos herdeiros necessários.

Entretanto, em casos justificados pelo testador esse gravame é possível.

Sobre os bens da metade disponível, ou relativamente a todos os bens, quando o testador não tiver herdeiros necessários, não haverá qualquer restrição.

A cláusula de inalienabilidade implica impossibilidade de qualquer disposição por parte do beneficiário. É-lhe, portanto, negado o direito de dispor.

A cláusula de impenhorabilidade não permite a execução dos bens testados, por parte dos credores do beneficiado.

E a cláusula de incomunicabilidade impede a comunicação do bem recebido pelo beneficiado ao seu cônjuge, companheiro(a) ou parceiro(a).

O parágrafo único desse art. 1.911 refere a hipótese da desapropriação dos bens clausulados, ou de sua alienação, por conveniência econômica do beneficiado, por meio de autorização judicial, mencionando que, nesse caso, o produto da venda deve converter-se em outros bens, sobre os quais incidirão as restrições apostas aos primeiros. Nesse caso, haverá a sub-rogação do vínculo.

Saliente-se que as cláusulas restritivas provocam paralisação de patrimônio, colocando um bem fora do comércio por longo tempo, o que leva alguns doutrinadores a ser contrários a elas[22].

A jurisprudência tem abrandado[23] a permanência dessas cláusulas restritivas.

---

22. RODRIGUES, Silvio. Op. cit., p. 191.
23. STJ, REsp 10020/SP, rel. Min. Cesar Rocha, 4ª Turma, j. 9-9-1996, *DJ* 14-10-1996, p. 39009; REsp 303424/GO, rel. Min. Aldir Passarinho Júnior, 4ª Turma, j. 2-9-2004, *DJ* 13-12-2004, p. 363.

14 LEGADOS

1 Noções e objeto da herança e dos legados

A herança compreende a sucessão legal ou testamentária, *in universum ius defuncti*, ou seja, na totalidade dos bens ou numa quota parte deles. O legado é peculiar à sucessão testamentária, e incide necessariamente sobre uma coisa certa e determinada, o que o classifica como sucessão a título singular, posto que *mortis causa*[1].

A herança é indefinida e o legado definido. Assim, "objeto da sucessão hereditária é a totalidade das relações transmissíveis, ativos e passivos, de que uma pessoa é titular no momento da morte".

Quanto ao legado, é possível que bens determinados do defunto, ligados à sucessão, se sujeitem à transmissão a título particular que se liga só à titularidade de determinado direito. Pode o legado, feito por testamento, ser atribuição de um bem determinado ou de uma quantidade de bens fungíveis[2].

2 Espécie de legado

A primeira regra concernente ao legado (art. 1.912 do CC) afirma a ideia de que ele deve pertencer ao testador no momento da abertura da sucessão, sob pena de ineficácia.

A ineficácia é só do legado, não contaminando o testamento como um todo.

Entretanto, se o legado for de coisa que se determine pelo "gênero", deverá ser cumprido, ainda que tal coisa não exista entre os bens deixados pelo testador (art. 1.915 do CC).

Melhor que se entenda coisa determinada pela "espécie", pois, pelo gênero, não pode haver coisa determinada (por exemplo, cereal).

Há que se saber, no caso, qual a espécie de cereal, arroz, trigo etc., para que a obrigação possa ser cumprida.

O cumprimento dessa obrigação será efetuado pela entrega de coisa da mesma espécie e na qualidade estabelecida.

---

1. PEREIRA, Caio Mário da Silva. Op. cit., p. 275; fundamenta-se em Carlos Maximiliano, Orosimbo Nonato e Ferreira Alves.
2. ZATTI, Paolo; COLUSSI Vittorio. *Lineamenti di diritto privato*. 6. ed. Padova: Cedam, 1997. p. 893-894.

Se o testador ordenar que o herdeiro ou legatário entregue coisa de sua propriedade a outrem, se ele não cumprir a determinação, entender-se-á que renunciou à herança ou ao legado (art. 1.913 do CC).

Ou, se a coisa legada pertencer somente em parte ao testador, ou no caso do artigo antecedente, ao herdeiro ou legatário, só quanto a essa parte valerá o legado (art. 1.914 do CC).

Por outro lado, se o testador legar coisa sua, singularizando-a, o legado só valerá se a coisa se encontrar entre os bens da herança no momento do falecimento. Ou, se assim existir em quantidade inferior, será eficaz quanto a essa parte existente (art. 1.916 do CC).

Quanto ao legado que deva ser retirado em determinado lugar, reza o art. 1.917 do CC, só terá eficácia se nele for encontrada, e na quantidade que se encontrar. Assim, pode o legado ser um automóvel, que se encontre no mecânico em conserto.

Se o legado corresponder a crédito ou débito, será eficaz quanto ao crédito ou débito existente na data do falecimento (art. 1.918 do CC). No caso de crédito, deve ser entregue pelo herdeiro ao legatário o título respectivo (§ 1º), não se referindo o legado de débito às dívidas posteriores à data do testamento (§ 2º).

A regra é dispositiva, podendo existir disposição em contrário.

Se, por outro lado, o legado for feito ao credor do testador, não será considerado compensação, salvo se o declarar expressamente o testador (art. 1.919 do CC).

Completa o parágrafo único: "Subsistirá integralmente o legado, se a dívida lhe for posterior, e o testador a solver antes de morrer".

Se o legado for de alimentos, estabelece o art. 1.920 do CC, abrangerá o sustento, a cura, o vestiário e a casa (habitação), enquanto o legatário viver. E, se o legatário for menor, estará incluída também sua educação.

Sendo os alimentos deixados a título de alimentos, por prestações periódicas, deverão ser pagos no começo de cada período, se outra situação não tiver sido prevista pelo testador (parágrafo único do art. 1.928 do CC).

O legado de usufruto será considerado vitalício, por toda a vida do legatário, se não houver fixação de tempo (art. 1.921 do CC).

Pode, também, ocorrer o legado de um imóvel, não se compreendendo nele novas aquisições, ainda que contíguas, salvo expressa declaração em contrário de testador (art. 1.922 do CC). Não se aplica o disposto nesse artigo às benfeitorias necessárias, úteis ou voluptuárias feitas no imóvel legado (parágrafo único).

Deve-se interpretar a vontade do testador com bom senso e lógica, assenta Zeno Veloso[3], citando os seguintes exemplos: depois da aquisição de uma casa, objeto do legado, o testador, compra um terreno limítrofe, construindo nele uma piscina, uma garagem, salões de jogos, formando uma só unidade, em conjunto, pois não teriam serventia se separados, como também a aquisição de um terreno nos fundos da casa

---

3. *Comentários ao Código Civil*. Parte especial. Direito das sucessões. Coord. Antonio Junqueira de Azevedo. São Paulo: Saraiva, 2003. v. 21, p. 243-245.

legada, que, com a quebra do muro divisório, passou a ser quintal, que a casa primitiva não tinha.

Nesses casos, está claro que as novas aquisições se incorporam no imóvel legado.

Explica, ainda, o mesmo autor, comentando esses artigos, que o princípio *superfícies solo cedit* já não vigora irrestritamente, tendo o Código de 2002 criado inovação nos seus arts. 1.255, 1.258 e 1.259.

Isso porque há situações em que a acessão é de valor infinitamente maior do que o do terreno (solo).

É preciso que se avalie a vontade do testador.

Assim, se há legado de um terreno baldio, não há que se considerar incluído no legado o *shopping center* ou a torre, com mais de vinte andares, que o testador construiu depois. Considera-se, nesse caso, uma modificação radical da coisa legada, a aplicar-se o art. 1.939, I, do CC.

Essa matéria foi por mim tratada ao estudar os referidos arts. 1.215, 1.258 e 1.259 do CC, no volume correspondente ao Direito das Coisas[4].

Essas são algumas espécies de legado previstas no Código Civil.

Mostra Caio Mário da Silva Pereira[5] que a doutrina refere, também, o legado remuneratório, ao lado das doações remuneratórias, implicando, praticamente um pagamento.

Todavia, por mera liberalidade, o testador pode, por ele, gratificar serviço que lhe foi prestado, mas não provido de ação para exigir contraprestação (Henri De Page).

É como se o testador quisesse agraciar com um legado quem muito lhe ajudou e nunca quis cobrar por isso.

3 Efeitos do legado e seu pagamento

Por efeito da *saisine*, com a abertura sucessória, transmite-se a herança, desde logo, aos herdeiros legítimos e testamentários (art. 1.784 do CC).

O Código anterior refere-se à transmissão do domínio e da posse da herança (art. 1.572 do CC de 1916).

Assim, deve-se entender que a *saisine* transfere a herança ao legatário, a quem pertence a coisa certa, existente no acervo, salvo se o legado estiver sob condição suspensiva (art. 1.923 do CC).

Isso, no momento da sucessão, da morte.

Todavia, ao legatário não se defere de imediato a posse da coisa, nem nela pode o legatário entrar por autoridade própria (§ 1º).

Por isso o legatário tem o *ius in re*, porque é proprietário, não simplesmente *ius ad rem*, neste caso, nos legados em espécie (em gênero, no dizer legal).

---

4. AZEVEDO, Álvaro Villaça. *Curso de direito civil*. Direito das coisas. São Paulo: Atlas, 2014. p. 59-60.
5. Op. cit., p. 282.

O legatário, entretanto, não entra de imediato na posse de coisa legada, que deverá ser pedida ao herdeiro, salvo se diversamente determinar o testador, como esclarece Arthur Vasco Itabaiana de Oliveira[6].

Acrescenta o § 2º do mesmo artigo, adiante, que o legado de coisa certa existente transfere também ao legatário os frutos que produzir, desde a morte do testador, exceto se dependente de condição suspensiva, ou de termo inicial, pois o legatário já é proprietário deles.

Enquanto se litigar sobre a validade do testamento, e, nos legados condicionais, ou a prazo, o pedido do legado não poderá ser exercido, enquanto esteja pendente a condição ou o prazo não se vença (art. 1.924 do CC).

Com relação ao legado em dinheiro, entretanto, só vencem juros a partir do dia em que se constituir em mora a pessoa obrigada a prestá-los (art. 1.925 do CC).

Os arts. 1.926 a 1.928 do CC cuidam de legado em prestações periódicas.

Assim, consistindo o legado em renda vitalícia ou pensão periódica, tanto uma como outra correrá da morte do testador (art. 1.926 do CC).

Ou, se o legado for de quantidades certas, em prestações periódicas, datará da morte do testador o primeiro período e o legatário terá direito a cada prestação, ao início de cada período sucessivo, ainda que venha a falecer antes do termo dele (art. 1.927 do CC).

O art. 1.928 do CC assenta que o pagamento desses legados periódicos será feito só no termo de cada período, com exceção das prestações alimentares, que serão pagas ao início de cada período, dada a sua natureza de urgência para sobreviver (art. 1.928, parágrafo único).

Se o legado for de coisa determinada pelo gênero (ou seja, pela espécie), o legatário é credor e o herdeiro, devedor. A escolha é do devedor, ao herdeiro, que poderá entregar nem a melhor, nem a pior coisa (art. 1.929 do CC).

Se a escolha for deixada a arbítrio de terceiro, que não queira ou não possa exercê-la, competirá ao juiz realizá-la, desde que se cumpra o disposto no final do art. 1.929 (art. 1.930 do CC).

O mesmo será observado se a opção for deixada ao legatário; sempre se observando a última parte do art. 1.929, citado.

Seguindo o mesmo princípio, se o legado for alternativo, presume-se que a opção se deixou ao herdeiro (art. 1.932 do CC).

Esse direito de opção, em caso de falecimento antes de exercê-lo, passará aos seus herdeiros (art. 1.933 do CC).

O cumprimento dos legados incumbe aos herdeiros, e não os havendo aos legatários, na proporção do que herdaram, salvo disposição em contrário, no testamento (art. 1.934 do CC).

---

6. *Tratado de direito das sucessões*. 4. ed. São Paulo: Max Limonad, 1952. v. II da Sucessão Testamentária, n. 446.

Salvo disposição em contrário, o encargo caberá ao herdeiro ou legatário. Se forem indicados mais de um, os onerados dividirão entre si os ônus na proporção do que recebam da herança (art. 1.934, parágrafo único).

Se, por outro lado, algum legado consistir em coisa pertencente a herdeiro ou legatário (art. 1.913), só a ele incumbirá cumpri-lo, com regresso contra os coerdeiros, pela quota de cada um, salvo disposição expressa em contrário, pelo testador. O onerado deve cumprir a ordem do testador sob pena de renúncia à herança ou ao legado (art. 1.935 do CC).

Esclarece o art. 1.936, seguinte, que não havendo disposição do testador, em contrário, as despesas e os riscos com a entrega do legado correm à conta do legatário.

A coisa legada deve ser entregue, com seus acessórios, no lugar e estado em que se achava ao falecer o testador, passando ao legatário com todos os encargos que a onerarem (art. 1.937 do CC).

Finalmente, nos legados com encargo, deverá ser observado o disposto no mesmo Código Civil, quanto às doações de igual natureza (art. 1.938 do CC).

4 Caducidade dos legados

Um legado diz-se caduco quando ele fica sem efeito por sua causa ulterior.

Os casos de caducidade estão enumerados na lei e não dependem da vontade do testador[7].

No Direito Civil brasileiro, os motivos de caducidade dos legados apresentam-se no art. 1.939, em seus cinco incisos e não se no art. 1.939, em seus cinco incisos não taxativos.

Assim, depois do testamento feito, pode o testador modificar a coisa legada a ponto de não mais ter a forma, nem lhe caber a denominação que possuía (inciso I).

Por exemplo, um bloco de mármore, que se transforma em uma escultura, uma jarra de prata, que o testador mandou fundir em uma placa. Para que exista a caducidade, a coisa legada deve não mais ser reconhecida.

Não acontece a caducidade, por exemplo, de um vestido adaptado às exigências da moda, ou, no caso de um imóvel, uma fazenda de soja que se transformou em fazenda de plantação de milho.

Lembra Washington de Barros Monteiro[8] que para que ocorra a caducidade é preciso que a transformação da coisa seja substancial (deixe de apresentar a forma anterior); em segundo lugar, que essa transformação tenha sido feita ou ordenada pelo próprio testador. Assim não há caducidade se a coisa for modificada por terceiro, à revelia do testador, ou em razão de caso fortuito ou de força maior. Por exemplo, se um incêndio

---

7. PLANIOL, Marcel. *Traité élémentaire de droit civil*. 3. ed. Paris: L.G.D.J., 1905. 3º v., p. 655.
8. Op. cit., p. 208-209.

faz derreter a prata da coisa legada, ou por vício da própria coisa, vinho se transforma em vinagre (prevalece a deixa quanto aos resíduos).

Também ocorre caducidade se o testador alienar a coisa legada depois de instituir o legado (inciso II). O bem sai de seu patrimônio. Se a alienação for parcial, caducará o objeto até onde deixar de pertencer ao testador.

Essa alienação presume a vontade de revogar a deixa.

Nota Lodovico Barassi[9] que não podemos perder de vista que o testamento é negócio jurídico e essencialmente revogável, não se podendo de qualquer modo renunciar à sua revogação. A revogação tácita ocorre quando a manifestação de vontade contida em um testamento posterior seja incompatível com a do testamento anterior.

Outras espécies de caducidade existem.

Se a coisa vier a perecer ou em caso de decreto de evicção, a propriedade do testador desaparece ou fica contestada, conforme o caso, pertencendo, nesta última situação, ao reivindicante. Desse modo, ocorre a caducidade porque o objeto não pertencia ao testador ou veio a desaparecer de seu patrimônio (inciso III).

Também haverá caducidade do legado se o legatário for excluído da sucessão (inciso IV).

O mesmo acontece se o legatário falecer antes do testador (inciso V).

Acrescenta o art. 1.940 do CC que, se o legado for de duas ou mais coisas alternativamente, perecendo algumas delas, subsistirá quanto as restantes, se perecer parte de uma, valerá quanto ao seu remanescente, o legado.

---

9. *Istituzioni di diritto civile*. 4. ed. Milano: Giuffrè, 1948. p. 295-296.

15 DIREITO DE ACRESCER ENTRE HERDEIROS E LEGATÁRIOS

1 Conceito

O direito do acrescer existe "quando o testador contempla várias pessoas, deixando-lhes a mesma herança, ou o mesmo legado, em porções não determinadas", menciona Washington de Barros Monteiro[1], e "se, por qualquer motivo, vem a faltar um dos concorrentes, sua parte acresce à dos demais".

Deixa claro o autor que esse acrescimento só é possível na sucessão testamentária, pois na sucessão legítima, a herança reparte-se entre os herdeiros que existirem no momento da morte, sem que a falta de um possa aumentar o quinhão do outro, existindo o direito de representação, quando a lei o permitir.

2 Espécies de acrescimento

Distinguem-se, ante o Código de 2002, o direito de acrescer entre coerdeiros, entre colegatários e o direito de acrescer entre usufrutuários.

A primeira espécie (entre coerdeiros), vem regulada pelo art. 1.941, na hipótese de existirem vários herdeiros, em razão da mesma disposição testamentária, sendo eles conjuntamente chamados ao recebimento da herança em quinhões não determinados, não podendo ou não querendo um deles aceitar a sua parte, que acrescerá à dos outros coerdeiros, salvo se for nomeado substituto pelo testador.

Comentando esse art. 1.941 do CC, anota Zeno Veloso[2] que "o direito de acrescer (*jus acrescendi*) ocorre quando os coerdeiros, nomeados conjuntamente, pela mesma disposição testamentária, em quinhões não determinados, ficam com a parte que caberia a outros coerdeiros (ou outros coerdeiros) que não quis ou não pôde aceitá-la", fundamentando-se também em vários Códigos Civis estrangeiros. "Esse direito pressupõe a disposição conjunta, e que caduque o direito de algum dos instituídos. O que não pôde ou não quis aceitar a herança é tido como se não tivesse existido; e o que iria caber-lhe vai aumentar as partes dos herdeiros que com ele concorriam". Isso, ressalte-se, mais uma vez, se não houver substituto nomeado pelo testador.

A segunda espécie cuida do direito de acrescer entre colegatários, no art. 1.942 do CC, *verbis*: "o direito de acrescer competirá aos colegatários, quando nomeados

---

1. Op. cit., p. 215.
2. *Comentários ao Código Civil* cit., p. 287-288.

conjuntamente a respeito de uma só coisa, determinada e certa, ou quando o objeto do legado não puder ser dividido sem risco de desvalorização".

Assim, não estando presente um dos colegatários, sem substituto, sua quota acrescerá à dos remanescentes, mantendo-se os mesmos encargos e obrigações que a gravavam (art. 1.943, parágrafo único, do CC).

Completa o art. 1.944, seguinte, que não ocorrendo o direito de acrescer entre os colegatários, a quota do que faltar acrescerá a do herdeiro ou do legatário incumbido de satisfazer esse legado, ou a todos os herdeiros, na proporção dos seus quinhões, se o legado se deduzir de herança (art. 1.944, parágrafo único, do CC).

Em face do art. 1.945 do CC, novidade do Código de 2002, o beneficiário do acréscimo não pode repudiá-lo separadamente da herança ou legado que lhe caiba, "salvo se o acréscimo comportar encargos especiais impostos pelo testador; nesse caso, uma vez repudiado reverte o acréscimo para a pessoa a favor de quem os encargos foram instituídos".

Reafirmando o sentido desse texto do novidadoso art. 1.945, Flávio Tartuce[3] menciona a explicação de Jones Figueirêdo Alves e de Mário Luiz Delgado[4], segundo a qual,

> em regra, não pode o beneficiário do acréscimo se negar a recebê-lo, sem renunciar também à herança ou ao legado. Salvo se a parte acrescida contiver encargos especiais impostos pelo testador e, nesse caso, uma vez repudiado o acréscimo ele recebe para a pessoa a favor de quem os encargos foram instituídos.

3 Legado de usufruto

O art. 1.946 do CC cuida do legado de usufruto. Havendo esse legado, conjuntamente a duas ou mais pessoas, a parte do que falhar acrescerá aos colegatários. Se não houver conjunção entre estes, ou se, apesar de conjuntos, só lhes foi legada certa parte do usufruto, consolidar-se-ão na propriedade as quotas dos que faltarem, à medida que eles forem faltando (parágrafo único).

Comentando o art. 1.716 do Código de 1916, correspondente ao ora comentado, acentua Arnoldo Wald[5]:

> se a instituição for conjunta, sem determinação de cotas dos instituídos, haverá direito de acrescer entre os legatários. Caso contrário, as cotas dos legatários que faltarem consolidar-se-ão nas mãos do seu proprietário. É uma aplicação do princípio da elasticidade da propriedade. A extinção do direito real sobre a coisa alheia implica e ampliação do direito do nu-proprietário. Desaparecendo o usufruto, o titular do crédito de propriedade, que era nu-proprietário, passa a ser proprietário pleno.

---

3. TARTUCE, Flávio. *Direito civil* – 6. Direito das sucessões. 7. ed. São Paulo: Gen Método, 2014. p. 504.
4. *Código Civil anotado*. São Paulo: Método, 2005. p. 991.
5. *Curso de direito civil brasileiro*. Direito das sucessões. 11. ed. Colab. Roberto Rosas. São Paulo: Revista dos Tribunais, 1997. p. 159-160.

16 SUBSTITUIÇÕES

1 Conceito

Substituição, diz Arthur Vasco Itabaiana de Oliveira[1], com fundamento em Vitali, "é a disposição, mediante a qual o testador chama em lugar do herdeiro ou legatário, um outro, que se diz substituto, para que venha a fruir, no todo ou em parte, as mesmas vantagens e encargos, quando, por qualquer causa, a sua vocação cesse".

Lembra Arnoldo Wald[2] que, "assim como o testador pode designar diversos herdeiros ou legatários para que recebem conjuntamente um bem, pode também designar, em vez de ser conjunta, que a disposição seja sucessiva".

A palavra fideicomisso dá a entender que os termos que o contém devem endereçar-se interessar-se ao gravado, não havendo fideicomisso se seus termos se endereçarem a um substituto ou terceiro[3].

Entrego o bem ao fiduciário, *fideituacommitto* (confio em tua lealdade).

2 Espécies

O Código Civil refere-se a três espécies de substituição: a substituição vulgar ou ordinária (comum, direta), em seus arts. 1.947 e 1.949; à recíproca, em seus arts. 1.948 e 1.950; e à fideicomissária (fideicomisso), nos arts. 1.951 a 1.960, subordinadas ao mesmo princípio, podendo-se colocar ao lado dessas espécies e substituição compendiosa[4].

A substituição vulgar, direta ou ordinária verifica-se quando o testador designar expressamente no testamento uma pessoa que deverá suceder em lugar do herdeiro ou do legatário, que não quis ou não pôde aceitar a liberalidade, presumindo-se que a substituição foi determinada para as duas alternativas, ainda que o testador só a uma se tenha referido (art. 1.947 do CC).

---

1. *Tratado de direito das sucessões* cit., 4. ed., v. II, p. 581.
2. Op. cit., p. 179.
3. POTHIER, Robert-Joseph. *Oeuvres complètes de Pothier*. Paris: Hippolyte Tilliard, pour Eugène Crochard, 1830. 1ª Parte, Traité de Sucessions, Seção II, art. 1º, p. 273.
4. DINIZ, Maria Helena. *Curso de direito civil brasileiro*. 6 – Direito das sucessões. 28. ed. São Paulo: Saraiva, 2014. p. 383-384.

Pelo art. 1.948, seguinte, é lícito substituir muitas pessoas por uma só, ou vice-versa, e ainda substituir com reciprocidade ou sem ela.

Dentro, portanto, da substituição vulgar, como espécie desse gênero, encontra-se a substituição recíproca.

Esclarece Maria Helena Diniz[5] que essa substituição recíproca "é aquela em que o testador, ao instituir uma pluralidade de herdeiros ou legatários, os declare substitutos uns dos outros, para o caso de qualquer deles não querer ou não poder aceitar a liberalidade".

É lógico, assim, que o substituto que recebe a liberalidade, com todas as vantagens, fique sujeito às condições ou encargos impostos ao substituído, se não houver manifestação diversa do testador ou, ainda, se não resultar outra coisa de natureza da condição ou do encargo (art. 1.949 do CC).

Quanto ao art. 1.950, seguinte, Maria Helena Diniz[6] mostra que, em sua 1ª parte,

> podem ser instituídos herdeiros e legatários em partes desiguais, a proporção dos quinhões, fixada na primeira disposição entender-se a mantida na segunda, por ex. se forem nomeados herdeiros A com 1/6 da herança, B com 2/6 e C com 3/6 sendo substitutos entre si. Se A não aceitar a herança, sua quota será dividida entre B e C, na mesma proporção fixada na primeira disposição, isto é, B receberá duas partes dela e C três.

Pela 2ª parte do mesmo artigo, se com os herdeiros ou legatários, instituídos em partes desiguais, for incluída mais alguma pessoa na substituição, o quinhão vago pertencerá em partes iguais aos substitutos". Por exemplo na mesma proporção do caso anterior, A, B e C são instituídos herdeiros, sendo que na falta de um deles, pré--morto, indigno ou renunciante é nomeado D como herdeiro, juntamente com os demais, "se A falecer, seu quinhão de 1/6 será divido em partes iguais por todos os outros herdeiros, inclusive D, que é um substituto vulgar e concorre com os substitutos recíprocos".

Maria Helena, ante esse artigo, inspira-se nas lições de Itabaiana de Oliveira, em legislação italiana e portuguesa.

3 Fideicomisso

A substituição fideicomissária (fideicomisso), por seu turno, diferencia-se da substituição simples por não implicar chamada alternativa do substituto, ocorrendo morte,

---

5. DINIZ, Maria Helena. *Curso de direito civil brasileiro* cit., p. 386-387.
6. Idem, p. 387-388.

renúncia ou exclusão do substituído, implicando, ao contrário, a chamada sucessiva de substituído e de substituto[7].

Desse modo, assenta o art. 1.951 do CC que:

> Pode o testador instituir herdeiros ou legatários, estabelecendo que, por ocasião de sua morte, a herança ou o legado se transmita ao fiduciário, resolvendo-se o direito deste, por sua morte, a certo tempo ou sob certa condição, em favor de outrem, que se qualifica de fideicomissário.

O Código de 2002 introduz, como novidade, o art. 1.952, segundo o qual a substituição fideicomissária somente é permitida em favor dos não concedidos ao tempo da morte do testador, pois se já houver nascido o fideicomissário, este adquirirá a propriedade dos bens fideicometidos convertendo-se o direito de propriedade do fiduciário em usufruto.

Observe-se que o concebido ao tempo da morte do testador já adquire a propriedade da herança (o nascituro) (art. 1.798), por isso que o fideicomissário tem de ser pessoa não concebida até a abertura sucessória (prole eventual).

Se o fideicomissário nascer, repita-se, antes da morte do testador, ele adquirirá a propriedade dos bens fideicometidos. Então o direito do fiduciário converter-se-á em usufruto, que, se não tiver sido estabelecido, será vitalício.

4   Fideicomisso *inter vivos*

Seria de cogitar-se, neste passo, da possibilidade de uma espécie de fideicomisso *inter vivos*.

Existe polêmica na doutrina, a admiti-lo ou não.

Diz Arthur Vasco Itabaiana de Oliveira[8] que ela só pode ocorrer por testamento, fundamentando-se em Jorge Americano[9], que afirma que, sendo o fideicomisso substituição, ele só existe no direito sucessório, não cabendo em matéria especial a analogia. Embora ele admita "uma combinação qualquer", com revestimento de forma de fideicomisso. "Entretanto só poderá existir a prazo, e não sob condição de morte".

Também pela negativa, são citados vários autores por Washington de Barros Monteiro[10], como Clóvis Beviláqua, Carlos Maximiliano, Vicente Ráo e Jorge Americano, fortalecendo o argumento com julgados de nossos Tribunais.

---

7. WALD, Arnoldo. Op. cit., p. 181.
8. Op. cit., p. 589.
9. Fideicomisso por ato entre vivos. *Revista de Direito*, v. 1, p. 159-161.
10. Op. cit., p. 233.

Mostra, em seguida, o autor que a corrente positiva, tanto na doutrina como na jurisprudência, sustenta a perfeita compatibilidade do fideicomisso com os negócios jurídicos *inter vivos*, acrescentando que essa substituição "não configura cláusula proibida, nem encerra pacto sucessório", mas assenta que "única restrição a fazer é a de que o fideicomisso por negócio jurídico entre vivos se regerá pelos dispositivos do direito das obrigações", citando, nesse passo, Orozimbo Nonato[11], Armando Dias de Azevedo[12] e copiosa jurisprudência[13].

Admitindo fideicomisso *inter vivos*, regulado pelos dispositivos obrigacionais, pauta-se Sebastião Luiz Amorim[14].

Orlando Gomes[15] lembra que várias legislações baniram o fideicomisso de seu sistema, principalmente por ser contrário ao princípio da livre circulação da riqueza e em razão da provocação de inúmeras lides.

Em seguida, situa-o no direito das sucessões, declarando não existir cabimento trasladá-lo para o campo dos contratos.

Mostra que o Direito anterior facultava essa possibilidade pelos reinícolas, entre os quais Mello Freire e Lobão, entendendo alguns autores que, com o silêncio do Código Civil a respeito de tal possibilidade, tornando-se o fideicomisso uma excrescência, predominou, entretanto, o pensamento contrário (Estevam de Almeida, Francisco Morato, Mendes Pimentel e Paulo de Lacerda).

Todavia, como no campo dos contratos reina o princípio da liberdade de contratação, "nada impede que, no contrato de doação, as partes estipulem que o donatário fique obrigado a conservar os bens adquiridos para transmiti-los, por sua morte, a certo tempo, ou sob determinada condição, a pessoas nele designadas".

Na situação de ser um negócio jurídico, o fideicomisso, no meu entender, sempre foi possível fazer-se *inter vivos*.

5 Substituição compendiosa

É conhecida desse modo porque, sob compêndio de palavras, reúne várias substituições diferentes.

Na realidade ela se apresenta como a reunião de substituição vulgar e fideicomissária.

---

11. *Estudos sobre sucessão testamentária*. Rio de Janeiro: Forense, 1957. v. 3, p. 165.
12. Fideicomisso por ato entre vivos. *RF* 88/302.
13. *RT* 97/241; 102/645;152/673;158/788;174/786;185/350 e 682; 258/521; 282/326; *RF* 66/287; 74/479; 101/121; 128/498; 137/118.
14. *Código Civil comentado*. Coord. Álvaro Villaça Azevedo. São Paulo: Atlas, 2004. v. 19, p. 251.
15. Op. cit., p. 209-211.

Citam os doutrinadores, principalmente Washington de Barros Monteiro[16], a propósito, o exemplo de Bártolo, mencionado por Degni (em seu livro *Lezioni di diritto civile*: la sucessione a causa di morte, v. 2/139), segundo a seguinte fórmula: instituo herdeiro meu filho "*et quantocumque decesserit substituo ei Titium*". Nela estão presentes "duas hipóteses distintas: a) o filho morre antes do testador; b) o filho morre depois". Assim, se o filho falece antes do testador, Tício substitui-o vulgarmente; se morre depois, a sucessão se fará fideicomissariamente.

O mesmo acontece, aponta o autor, na hipótese em que o testador dá substitutos ao fiduciário ou ao fideicomissário, no caso em que isoladamente não queira ou não possa aceitar a herança ou o legado. Não há nesse caso, arremata, violação ao disposto no art. 1.704 do CC de 1916, art. 1.960 do CC atual, "pois a substituição continua sendo do segundo grau".

6 Figurantes

Figuram no fideicomisso, como visto, três pessoas: o fideicomitente, o fiduciário e o fideicomissário.

O fideicomitente institui o fideicomisso em favor do fideicomissário, nomeando um fiduciário, a quem, primeiramente, é transmitida a herança ou o legado.

Diz o art. 1.953 do CC que o fiduciário recebe a propriedade da herança ou do legado, de modo restrito e resolúvel.

O fiduciário, por seu turno, por sua morte, a certo tempo ou sob certa condição, deve transmitir o bem recebido a outro, fideicomissário.

Existem, assim, duas transmissões sucessivas. No momento da sucessão do testador (fideicomitente) seus bens se transferem primeiramente ao fiduciário, com cláusula resolutiva, porque este tem a obrigação de transferir, por sua morte, ou a certo tempo, os mesmos bens recebidos ao fideicomissário, destinatário final do benefício.

A propriedade do fiduciário é, portanto, resolúvel, daí devendo proceder ao inventário dos bens recebidos e gravados, e a prestar caução de restituí-los se o exigir o fideicomissário (parágrafo único do art. 1.953 do CC).

O testador pode estabelecer que, se o fiduciário renunciar a herança ou o legado, fique o fideicomissário com poder de aceitá-los (art. 1.954 do CC).

Por outro lado, se o fideicomissário renunciar a herança ou o legado, caducará o fideicomisso, deixando de ser resolúvel a propriedade do fiduciário, salvo disposição contrária do testador (art. 1.955 do CC).

Como a propriedade do fiduciário é resolúvel, se este alienar os bens fideicometidos, na qualidade de proprietário, a venda é válida, mas se resolve nos casos previstos

---

16. Op. cit., p. 237.

em lei, fica, a meu ver, inseguro o fideicomissário quanto ao efetivo recebimento dos aludidos bens.

Nesse caso, acolho a orientação de Silvio Rodrigues[17] de que o testador reafirme seu desejo de que os bens fideicometidos cheguem às mãos do fideicomissário, gravando o fideicomisso com cláusula de inalienabilidade.

Se o fideicomissário aceitar a herança ou o legado, receberá os eventuais acréscimos que vierem a fazer parte dos bens do fiduciário (art. 1.956 do CC). Sim, porque o fideicomissário é herdeiro do testador ou fideicomitente.

Por tal razão, se sobrevier a sucessão, o fideicomissário responde pelos encargos da herança que ainda restarem (art. 1.957 do CC), ou seja, que ainda não foram cumpridos integralmente pelo fiduciário.

7 Caducidade do fideicomisso

A caducidade é uma das causas determinantes da extinção do fideicomisso.

Já vimos que caduca o fideicomisso se o fideicomissário renunciar a herança ou o legado, deixando de ser resolúvel a propriedade do fiduciário, salvo disposição em contrário do testador (art. 1.955 do CC).

Do mesmo modo, se ocorrer a renúncia ou não aceitação da herança pelo fiduciário, o fideicomissário poderá aceitá-lo (art. 1.954 do CC).

Também caduca o fideicomisso se o fideicomissário morrer antes do fiduciário, ou antes de realizar-se a condição resolutória do direito deste (art. 1.958 do CC). Nesse caso a propriedade consolida-se no patrimônio do fiduciário.

Acontece, ainda, a caducidade se o fideicomissário não tiver legitimação ou se, antes de suceder, for condenado por indignidade[18].

Dá-se, finalmente, a caducidade do fideicomisso se houver o perecimento do objeto fiduciado, como já foi visto no exame da caducidade dos legados (art. 1.939, III, do CC), desde que não exista culpa do fiduciário e desde que não ocorra sub-rogação no valor do seguro estipulado sobre os bens[19].

8 Nulidade do fideicomisso

A nulidade é outra causa determinante da extinção do fideicomisso.

O art. 1.959 do CC é claro ao determinar a nulidade dos fideicomissos além do segundo grau.

---

17. Op. cit., p. 248.
18. PEREIRA, Caio Mário da Silva. Op. cit., p. 306.
19. Idem, p. 305.

Esclarece Clóvis Beviláqua[20] que o fideicomisso

> supõe dois herdeiros: um do primeiro grau, que é o instituído, com o encargo de entregar a herança, é pessoa designada no testamento; e outro, do segundo grau, que é a pessoa designada no testamento, para receber a herança do instituído. Em duas palavras: o fiduciário e o fideicomissário. O fiduciário é herdeiro em primeiro grau, e o fideicomissário é herdeiro em segundo grau.

Em sequência, acrescenta o art. 1.960 do CC que a nulidade da substituição ilegal não prejudica a instituição, que valerá sem o encargo resolutório.

Comentando o art. 1.740, correspondente, do CC de 1916, ensina Clóvis Beviláqua, primeiramente que esse adjetivo "ilegal", redundante, não se encontra no Projeto primitivo, nem no revisto, nem no da Câmara, e traz certa perplexidade ao intérprete. O que se deve entender, diz ele, é que essa substituição é a de segundo grau.

Em segundo lugar, arremata: "seria ocioso dizer que a substituição além do segundo grau se teria por não escrita, pois o art. 1.739 (atual art. 1.959) a declara nula, e, para que houvesse contaminação da nulidade, alcançando a parte útil, seria necessária a cominação especial".

Melhor dizer-se que essa substituição chamada de ilegal, seja, simplesmente, ineficaz.

Destaque-se, neste passo, julgado do Tribunal de Justiça de São Paulo[21] que proibiu a instituição de fideicomisso para deserdação ou mera atribuição de usufruto ao herdeiro necessário para que a herança seja transmitida a terceiro. A legítima do herdeiro necessário não é alcançada por ato de vontade do autor da herança. Interpretação do art. 1.733 do CC de 1916 (art. 1.951 do CC atual).

Por outro lado, inexiste transmissão *causa mortis*, entre fiduciário e o fideicomissário. O direito real de ambos surge na instituição do fideicomisso, sucessivamente, fiduciário e fideicomissário. Daí, não ser cabível o pagamento de imposto de transmissão *causa mortis*[22].

---

20. *Código Civil comentado* cit., v. VI, 1958, p. 164-165.
21. TJSP, Ap. 110.559-4/2-00, 4ª Câm., rel. Des. Aguilar Cortez, j. 15-2-2001, *RT* 789/222.
22. TJRJ, AgIn 00578448320128190000-RJ, 19ª Câm. Cív., rel. Des. Marcos Alcino de Azevedo Torres, j. 17-1-2013, publ. 22-11-2013; e TJRJ, Ap 00594081220038190001-RJ, 11ª Câm. Cív., rel. Des. José Carlos de Figueiredo, j. 15-6-2005, publ. 20-7-2005.

17 DESERDAÇÃO

1 Conceito

Deserdação é a privação, por disposição testamentária, da legítima do herdeiro necessário, menciona Orlando Gomes[1].

Assim, estabelece o art. 1.961 do CC, que "Os herdeiros necessários podem ser privados de sua legítima, ou deserdados, em todos os casos em que podem ser excluídos da sucessão".

"A deserção e a indignidade não se confundem, não obstante terem finalidade idêntica, que é representada pela punição de quem se portou mal com o autor da herança ou legado", admite Sebastião Luiz Amorim[2].

E aduz que, na indignidade, a lei enumera suas causas; na deserdação, "é o autor da herança quem pune o responsável pela falta praticada", por meio de testamento, nos moldes das causas referidas na lei: explica que a indignidade é aplicada tanto na sucessão legítima como na testamentária, sendo que a deserdação só pode ocorrer na sucessão testamentária. E acentua: "A deserdação atinge a porção da legítima dos herdeiros necessários além da parte disponível, bem como o usufruto e a administração dos bens recebidos pelos filhos menores, como representantes do deserdado".

Lembrando de que, atualmente, consideram-se herdeiros necessários os descendentes, os ascendentes, o cônjuge, e o companheiro e o parceiro, estes últimos por decisão do Supremo Tribunal Federal.

2 Causas de deserdação

Como visto, os herdeiros necessários podem ser deserdados "em todos os casos em que podem ser excluídos da sucessão" (art. 1.961 do CC), ou seja, nos casos enumerados no art. 1.814 do CC, já estudados(se forem autores, coautores ou partícipes de homicídio doloso ou tentativa deste, contra a pessoa de cuja sucessão se tratar, seu cônjuge, companheiro, ascendente ou descendente, ou, ainda, parceiro (conforme julgado do STF); se houverem acusado caluniosamente em juízo o autor da herança ou incorrerem em crime

---

1. Op. cit., p. 225.
2. Op. cit., p. 267-268.

contra a sua honra, ou de seu cônjuge ou companheiro, ou, ainda, parceiro (conforme julgado do STF); se, por violência ou meio fraudulento, inibirem ou obstarem o autor da herança de dispor livremente de seus bens por ato de última vontade), ou nos casos mencionados no art. 1.962 do CC, autorizando a deserdação dos descendentes por seus ascendentes havendo: ofensa física; injúria grave; relações ilícitas com a madrasta ou padrasto; desamparo do ascendente alienado mentalmente ou com grave enfermidade (sem condição de tratar-se), ou, finalmente, nos casos mencionados no art. 1.963 do CC, autorizando a deserdação dos ascendentes por seus descendentes, ocorrendo: ofensa física; injúria grave; relações ilícitas com a mulher ou companheira (ou do parceiro, conforme decisão do STF) do filho ou a do neto, ou com o marido ou companheiro (ou parceira) da filha ou da neta; desamparo do filho ou neto com deficiência mental ou grave enfermidade (sem condição de tratar-se).

Acrescenta o art. 1.964 do CC que deve existir expressa declaração da causa da deserdação, no testamento, incumbindo a prova da veracidade dessa alegada causa ao herdeiro instituído, ou àquele a quem aproveite a deserdação (art. 1.965 do CC). Esse direito de provar a veracidade da causa de deserdação extingue-se no prazo de quatro anos, a contar da data da abertura do testamento (parágrafo único).

Quanto às ofensas físicas, permanece a causa de deserdação, mesmo que sejam de natureza leve, no âmbito civil.

Relativamente à injúria deve ser grave, apreciada pelo juiz, com o intuito de injuriar. Essa gravidade é indispensável, nesse caso.

Washington de Barros Monteiro[3] enumera alguns julgados de nossa jurisprudência, que não configuram injúria grave, como o pedido de interdição do testador, formulado pelo herdeiro (*RT* 87/640); ajuizamento de ação, contra o testador, embora magoando-o, sem comprovar sua intenção (*RT* 87/640); insurgimento do herdeiro contra doação efetuada pelo testador, propondo ação contra este (*RT* 160/717); ou quando, nesse caso, o herdeiro é de idade avançada, cego e portador de alienação mental (*RT* 108/238); tendo o herdeiro requerido destituição do testador do cargo de inventariante (*RT* 125/568); porém, o concubinato (não união estável) em que viva o descendente pode constituir injúria grave aos pais da pessoa amasiada, pode justificar a exclusão (*RF* 105/270).

Neste último caso, não entendo que seja causa de exclusão, tratando-se de julgado muito antigo e fora da realidade atual.

Também as relações ilícitas com a madrasta ou com o padrasto levam à deserdação.

A deserdação pode ocorrer, ainda, se o testador é desamparado, com problemas mentais ou enfermidade grave, tendo o filho recursos financeiros para cobrir as despesas de internação.

---

3. Op. cit., p. 241-242.

18 REDUÇÃO DAS DISPOSIÇÕES TESTAMENTÁRIAS

1 Conceito

A redução das disposições testamentárias garante a intocabilidade da legítima, da qual não podem os herdeiros necessários se ver privados.

Como visto, atrás, os herdeiros necessários são os descendentes, os ascendentes e o cônjuge, pelo Código Civil de 2002, rol que se viu acrescido pelo companheiro e pelo parceiro, conforme decisões do Supremo Tribunal Federal, todos, assim, sendo titulares da legítima, de metade dos bens da herança (arts. 1.845 e 1.846 do CC), têm assegurado essa parte hereditária.

Se for ultrapassado esse limite, deverá ocorrer a redução para manter a legítima intocável, sem que ocorra qualquer nulidade do testamento.

Repita-se, aqui, portanto, que quem tem herdeiros necessários não pode dispor, seja por doação seja por testamento, de mais da metade de seus bens.

Daí o texto do art. 1.967 do CC, que assenta que as disposições testamentárias que excederem a parte disponível do testador (a outra metade) deverão ser reduzidas aos limites dela, nos moldes das regras constantes em seus dois parágrafos.

As reduções ocorrerão até onde bastem, e, não bastando, também os legados na proporção do seu valor (§ 1º). Se o testador, prevenindo o caso, dispuser que se inteirem, de preferência, certos herdeiros e legatários, a redução far-se-á nos outros quinhões ou legados, observando-se a seu respeito a ordem estabelecida no parágrafo antecedente (§ 2º).

Por sua vez, o art. 1.966 do CC, no mesmo sentido assegura que o remanescente pertencerá aos herdeiros legítimos, se o testador dispuser só em parte de sua quota hereditária disponível.

Portanto, anota Silvio Rodrigues[1] que, pela lição de todos os doutrinadores, a disposição excessiva não anula o testamento. "O fato de o testador dispor, por ato de última vontade, de valores excedentes à sua quota disponível não invalida o testamento". Deve, então, ocorrer a necessária adaptação, reduzindo-se as deixas excedentes, com reposição da legítima, que permanece intocável.

O mesmo acontece relativamente às doações inoficiosas, feitas em vida do falecido e que puderem afetar a legítima dos herdeiros necessários.

---

1. Op. cit., p. 232.

2 Redução nas doações inoficiosas feitas pelo falecido

Nesse ponto, é fundamental a lembrança do art. 549 do CC, que declara nula a doação quanto à parte que exceder a de que o doador poderia dispor por testamento, no momento da liberalidade. Nesse caso, como visto, não se trata de nulidade propriamente (parcial da doação), mas de ineficácia da parte excedente.

Destaca Silvio Rodrigues[2] que o doador que tiver herdeiros, no momento da liberalidade, só pode dispor por testamento da metade de seus bens, sendo ineficazes as doações além desses limites (metade). "Sem a redução, iria o autor da herança alcançar, por ato *inter vivos*, aquilo que a lei lhe veda *causa mortis*".

A ação para reduzir as doações ineficazes, no entender desse autor, deve ser proposta, no prazo de quatro anos, a contar da liberalidade (art. 178 do CC)[3].

A natureza dessa ação seria mesmo de *actio nata*? Ou estar-se-ia ferindo o princípio de indiscutibilidade de herança de pessoa viva?

No caso, não se discute sobre nulidade ou anulabilidade de negócio jurídico, mas de ineficácia de parte excedente do negócio.

Daí, não concordo com o apontado prazo decadencial, a correr em vida do doador.

3 Legado de imóvel indivisível

Se o legado for de imóvel divisível, será feita com a divisão proporcional (art. 1.968 do CC).

Se não comportar divisão, e o excesso do legado for mais de um quarto do valor do imóvel, o legatário deixará na herança esse bem indivisível, tendo direito de pedir aos herdeiros valor que couber na metade disponível; se o excesso não for de mais de um quarto, o legatário ficará com o prédio, pagando aos herdeiros (§ 1º).

Se o legatário for, ao mesmo tempo herdeiro necessário, poderá inteirar sua legítima no mesmo imóvel, de preferência aos outros, sempre que ele e a parte subsistente do legado lhe absorverem o valor (§ 2º).

---

2. Op. cit., p. 233.
3. Idem, p. 234.

19 REVOGAÇÃO E ROMPIMENTO DOS TESTAMENTOS

1 Conceito

A revogação do testamento é ato do testador de tornar ineficaz sua manifestação de vontade anterior.

O rompimento do testamento é a superveniência de uma circunstância, relevante, prevista em lei, capaz de modificar a manifestação de vontade do testador.

Lembre-se, neste passo, de que a característica fundamental do testamento é de ser um negócio revogável.

Até a sua morte pode o testador pretender alterar sua vontade, tornando ineficazes suas deixas.

Assim, possibilita o art. 1.969 do CC que a revogação possa ocorrer pelo mesmo modo e forma como pode ser feito.

O Tribunal de Justiça do Rio de Janeiro[1] já admitiu que a "Revogação posterior do testador por outras formas que não a ordinária" é inadmissível, pois para que seja válida e produza efeitos deverá ser realizada pelo mesmo modo e forma em que se deu o testamento".

Para que ocorra a revogação, deve o novo testamento ser válido.

2 Espécies de revogação

Três são as espécies de revogação de testamento: a expressa, a tácita e a presumida.

"A revogação é expressa ou explícita quando, em testamento posterior, o testador revoga total ou parcialmente as disposições de sua última vontade anteriormente feitas", atesta Arnoldo Wald[2].

E acrescenta: a revogação será tácita quando "da atitude do testador desprender-se sua vontade de revogar disposições anteriores".

Isso acontece, por exemplo, se o novo testamento se apresentar com normas sucessórias contraditórias com as do testamento anterior.

---

1. Ap 22.567/2000, 18ª Câm., rel. Des. Nascimento Póvoas, j. 5-6-2001, com voto vencido, *DORJ* 20-9-2001, *RT* 799/355.
2. Op. cit., p. 188-190.

Veja-se que a revogação do testamento revocatório, pura e simplesmente, não representa o primitivo, pois provocado por novas circunstâncias, que exigiriam um novo regramento. A não ser que disponha em contrário o testador.

A revogação do testamento pode ser, ainda, total ou parcial. Para que seja total deve haver uma cláusula revocatória expressa, caso contrário a revogação pode não atingir parte da manifestação anterior, que permanece eficaz (art. 1.970 do CC).

A revogação, por sua vez, é presumida quando o testamento cerrado for aberto ou dilacerado, com o consentimento do testador, presumindo o legislador o propósito de revogá-lo (art. 1.972 do CC). É preciso que exista consentimento do testador, sob pena de não poder presumir-se sua vontade.

Embora o texto se refira a testamento cerrado, entendo que ele compreende também o testamento particular, por exemplo, em caso de ser queimado.

Analisando o art. 1.748, correspondente ao art. 1.971 do Código de 2002, assevera Clóvis Beviláqua[3] que:

> O testamento caduco é o, originariamente, válido e, por isso, produz o seu natural efeito de revogar o anterior. Se, por ele, o testador manifestou, juridicamente, a sua vontade contrária à que anteriormente externara, esta não poderá subsistir porque o testamento deve conter a manifestação da última vontade do disponente. A exclusão, a incapacidade e a renúncia do herdeiro nomeado no testamento posterior, em nada influem para impedir que a vontade do testador, claramente, se manifeste em oposição ao que dispusera no anterior, que não poderá reviver. Assim, revogado o primeiro e caduco o último, serão chamados à sucessão os herdeiros legítimos. Se, porém, o novo testamento for anulado por inobservância de solenidades essenciais ou por vícios intrínsecos (erro, dolo, coação, incapacidade do disponente), a vontade do testador não se exprimir, validamente, não pode prevalecer. Por isso a revogação contida nesse testamento é inoperante, e o primeiro subsiste.

3 Rompimento de testamento

Há várias hipóteses de rompimento ou ruptura do testamento, em que supervêm uma circunstância tão relevante que seja capaz de modificar a manifestação de vontade do testador, como quando sobrévem descendente sucessível, que não existia ou não era conhecido pelo testador (art. 1.973 do CC).

Rompe-se, também, o testamento feito na ignorância de existirem outros herdeiros necessários (art. 1.974 do CC).

---

3. *Código Civil comentado* cit., p. 173.

Não se rompe o testamento, entretanto, se o testador dispuser de sua metade, sem contemplar os herdeiros necessários de cuja existência saiba, ou quando os exclua dessa parte (art. 1.975 do CC).

O Supremo Tribunal Federal[4] decidiu que não se rompe o testamento pelo nascimento posterior de filho, se o pai, ao testar, já sabia da gravidez de sua companheira.

---

4. *RTJ* 83/677; in Silvio Rodrigues, op. cit., p. 271.

20 TESTAMENTEIRO

1 Conceito

Testamenteiro é a pessoa, ou as pessoas, de confiança do testador incumbidas(os) de cumprir as disposições de sua última vontade (art. 1.976 do CC).

Ele deve cuidar de que o testamento deva ser cumprido integralmente e não se torne ineficaz para beneficiar herdeiros em detrimento de outros. Deve lutar pela validade do testamento (art. 1.981 do CC).

Deve cumprir todas as obrigações que lhe foram atribuídas pelo testador, nos limites da lei (art. 1.982 do CC).

Se forem vários os testamenteiros, podem ser para atuarem conjuntamente (conjuntos) ou para agirem sucessivamente, um na falta do outro (separados).

O encargo de testamenteiro deve ser cumprido pessoalmente, não sendo, portanto, delegável, podendo, entretanto, o testamenteiro, fazer-se representar por mandatário, inclusive judicial, com poderes especiais (art. 1.985 do CC).

A função principal do testamentário é a de fiscalizar o cumprimento do testamento.

A nomeação do testamenteiro não é obrigatória, podendo o testador só confiar nos seus herdeiros.

Conforme a complexidade do testamento, entendo que o juiz poderá nomeá-lo, na sua falta. Todavia, entendo não ser imprescindível essa nomeação.

Entretanto, o Código Civil parece prever a necessidade da existência de um testamenteiro nomeado pelo testador, mencionando seu art. 1.984 que, na falta dessa nomeação, a execução testamentária competirá ao cônjuge e, na falta deste, ao herdeiro nomeado pelo juiz.

Entendo que, não havendo cônjuge, poderá haver o companheiro ou o parceiro.

2 Espécies de testamenteiro

Podem existir várias espécies de testamenteiro: o instituído ou nomeado pelo testador; o dativo se for nomeado pelo juiz; o universal a quem seja conferida a posse e administração da herança, ou de parte dela (art. 1.977 do CC), não havendo cônjuge ou herdeiros necessários; ou o particular sem essa posse e administração.

Do mesmo modo, não havendo cônjuge, poderá haver o companheiro, ou o parceiro.

Esclareça-se, entretanto, que a nomeação de testamenteiro universal só é possível, repita-se, não havendo cônjuge, companheiro ou parceiro ou herdeiro necessários (os outros, descendentes e ascendentes).

Qualquer herdeiro pode requerer partilha imediata, ou devolução da herança habilitando o testamenteiro ao cumprimento dos legados, ou dando caução de prestá-los (parágrafo único do art. 1.977 do CC).

Se o testamenteiro tiver a posse e a administração dos bens, incumbe-lhe requerer a abertura do inventário e cumprir o testamento (art. 1.978 do CC).

Além de defender a posse da herança, como determina o Estatuto Processual, ele deve requerer ao juiz que ordene ao portador do testamento de levá-lo a registro (art. 1.979 do CC).

O testamenteiro é obrigado a cumprir as disposições testamentárias, no prazo que for fixado pelo testador, prestando contas do que recebeu e despendeu persistindo sua responsabilidade enquanto durar a execução do testamento (art. 1.980 do CC).

Por outro lado, se outro prazo não for fixado, deverá o testamenteiro prestar contas em 180 dias contados da aceitação testamentária. Esse prazo pode ser dilatado pelo juiz, se houver motivo suficiente (art. 1.983 do CC).

Se existirem simultaneamente vários testamenteiros que tenham aceitado o cargo, poderá cada qual exercê-lo, em falta dos outros; mas todos ficam solidariamente obrigados a dar conta dos bens se lhe forem conferidos, salvo se tiverem funções distintas (art. 1.986 do CC).

Se o testador tiver distribuído toda a herança em legados, o testamenteiro deverá exercer as funções de inventariante (art. 1.990 do CC), no mesmo sentido o inciso V do art. 617 do CPC.

Incumbe-lhe como inventariante praticar todos os atos relativos à inventariança (art. 618 do CPC).

3 Vintena

Se o testamenteiro, que não seja herdeiro nem legatário, salvo disposição em contrário, tiver direito a um prêmio (remuneração, vintena) entre 1% e 5% sobre a herança líquida, arbitrado pelo juiz, que levará em conta as dificuldades do exercício do cargo, como parâmetros (art. 1.987 do CC), será pago à conta da parte disponível, quando houver herdeiro necessário (parágrafo único).

O prêmio será calculado sobre a herança testamentária líquida e se não foi fixada pelo testador, será de 1 a 5% (art. 1.987 do CC).

Se houver simplicidade na atuação do testamenteiro o valor máximo que for arbitrado como sua remuneração poderá ser reduzido[1].

---

1. TJSP, AgIn 96.819-4-Americana, 2ª Câm. do Direito Privado, rel. Des.Pereira da Silva, j. 9-2-1999.

O Supremo Tribunal Federal[2] entendeu que o prêmio

> tem como base de cálculo o total da herança líquida, ainda que haja herdeiros necessários, e não apenas a metade disponível, ou os bens de que dispôs em testamento o *de cujus*. Pelo pagamento, entretanto, não responderão as legítimas dos herdeiros necessários, deduzindo-se o prêmio da metade disponível.

O herdeiro ou legatário que for testamenteiro poderá preferir o prêmio à herança ou legado (art. 1.988 do CC).

Se as dívidas do espólio absorverem toda a herança, os herdeiros deverão pagar a vintena. O testamenteiro não pode ficar sem remuneração.

Se houver remoção do testamenteiro ou por não ter cumprido suas obrigações e, consequentemente, vier a perder o prêmio, este reverterá à herança (art. 1.989 do CC). Isso acontecerá se houver negligência ou mal cumprimento de obrigações pelo testamenteiro.

---

2. *RSTJ* 66/395.

21 INVENTÁRIO

1 Conceito

Inventário, no Direito Sucessório, significa levantamento patrimonial dos bens deixados pelo falecido.

Inventar quer dizer achar, descobrir, do verbo latino *invenio, is, ire*, no sentido de arrolamento de *bens do de cuius*, procedendo-se a um balanço, entre ativo e passivo, para apurar-se o líquido transmissível aos herdeiros ou legatários.

O inventário reveste-se de natureza fortemente administrativa, nele não existindo as figuras de autor e réu[1].

E, portanto, de natureza sumaríssima e administrativa (pode o julgador julgar de plano, pela verdade sabida); pode ser tratado durante as férias (para evitar prejuízos, com a demora); exclui as questões de alta indagação (as questões nele suscitadas, que não possam ser resolvidas por documento, só serão por ação ordinária)[2].

2 Espécies

O inventário pode ser judicial ou extrajudicial.

O judicial é obrigatório quando existir testamento ou interessado incapaz (art. 610 do CPC).

Se todos forem capazes e concordes não havendo testamento, o inventário e a partilha poderão fazer-se por escritura pública, extrajudicialmente, escritura que constituirá documento hábil para qualquer ato de registro, bem como para levantamento de soma depositada em instituições financeiras (§ 1º). Nesse caso, só será lavrada a escritura se todas as partes estiverem assistidas por advogado ou por defensor público, cuja qualificação e assinatura constem do ato notarial (§ 2º).

Nessa escritura constarão, ainda, os nomes dos interessados, qualificados, o acordo de partilha dos bens móveis, imóveis e semoventes, descriminados com pagamentos a serem feitos, tudo depois do pagamento dos tributos devidos.

---

1. GOMES, Orlando. Op. cit., p. 275.
2. OLIVEIRA, Arthur Vasco Itabaiana de. Op. cit., v. III, p. 777.

Os bens móveis e os semoventes serão entregues aos seus proprietários e os imóveis transladados, nos respectivos Registros Imobiliários, com a apresentação da referida escritura.

Antes da Lei n. 11.441/2007, que introduziu o inventário extrajudicial por escritura pública, o inventário era sempre processado obrigatoriamente em juízo.

3 Inventário judicial

O inventário judicial "compõe-se de atos processuais onde se aplicam as regras de fundo, para que, os direitos subjetivos hereditários alcancem efetividade. É por seu intermédio que se prepara a partilha dos bens pertencentes ao *auctor successionis*, de acordo com os cânones legais, e se cumprem as disposições de última vontade", esclarece Paulo Nader[3].

Logo ao início do processo, é nomeado o inventariante, que, firmando termo de compromisso, administrará a herança enquanto durar o processo, apresentando as primeiras declarações, até as últimas e pagamento do imposto *causa mortis*.

Assim, estatui o art. 1.991 do CC: "Desde a assinatura do compromisso até a homologação da partilha, a administração da herança será exercida pelo inventariante".

Até que ocorra a partilha, a herança é indivisível (art. 1.791 e parágrafo único do CC).

Em princípio, o processo de inventário deve iniciar-se até dois meses do óbito, terminando nos dozes meses seguintes; prazo que pode ser prorrogado.

Como já mencionado, nesse processo o juiz deverá decidir todas as questões de direito, desde que os fatos relevantes sejam comprovados por documento, remetendo às vias ordinárias as questões que dependerem de outras provas (art. 612 do CPC).

Daí o caráter administrativo do processo, que existe principalmente para que sejam pagos os devidos tributos ao Estado. Nele não há contendas a serem decididas.

Malgrado a indivisibilidade da herança, há certas importâncias que precisam ser retiradas do espólio, para fazerem face às despesas com o processo, assim, recebimentos de aluguel pelo espólio, saldos bancários, pequenas vendas, outorga de escrituras definitivas relativas a imóveis vendidos em vida pelo falecido, depósitos de Fundo de Garantia por tempo de Serviço e do Fundo de participação PIS-PASEP, cadernetas de poupança, restituições de tributos e investimentos de pequeno valor, entre muitas outras providências etc., o que se procede por meio de alvarás de levantamento e de autorização à inventariante, ouvidos os interessados e prestadas as devidas contas.

Não esquecer de que existe a figura do administrador provisório, que fica na posse dos bens inventariados, até que o inventariante preste seu compromisso (art. 613 do CPC).

Representará ele, então, o espólio ativa e passivamente, e administrando provisoriamente, nesse período, a massa inventariada (art. 614 do CPC).

---

3. Op. cit., p. 465.

4 Inventário negativo

Esse inventário foi introduzido, entre nós, pelo costume, sendo uma expressão contraditória, pois ou o inventário existe ou não.

Entretanto, inventário negativo, significa que o falecido não deixou bens.

Veja-se que, mesmo não existindo ativo, que justifique a abertura de inventário, podem existir interesses pendentes:

Citando casos no regime do Código Civil de 1916, que motivaram esse pedido de inventário negativo, Zeno Veloso[4] mostra que se utilizaram desse pedido viúvas e viúvos, que tinham filhos do extinto casal, pretendendo convolar novas núpcias, evitando que seu regime de casamento fosse o da separação obrigatória.

Em alguns casos, completa, o inventário negativo pode ser útil.

5 Inventariante e declarações

O inventariante é nomeado na ordem do art. 617 do CPC, que deverá prestar o compromisso de bem e fielmente desempenhar sua função (parágrafo único).

O primeiro a ser nomeado é o cônjuge ou o companheiro e atualmente o parceiro por decisão do STF.

O inventariante representará o espólio ativa e passivamente (art. 618, I, do CPC) e, entre outras atribuições, prestará as primeiras e últimas declarações (inciso III).

Para prática de atos de alienação de bens, ou que importem essa alienação, dependerá o inventariante de autorização judicial (art. 619, I, do CPC).

Se o inventariante não cumprir seus deveres ou praticar faltas graves, mencionadas em relação não taxativa (art. 622 do CPC), poderá ser removido, apresentando a defesa que entender.

Em matéria de remoção de inventariante, decidiu o então Tribunal de Justiça de Alçada Civil[5] que o inventariante pode perder o cargo, somente se ficar provada sua desídia quanto ao andamento do processo, deterioração, dilapidação dos bens e ausência de defesas em ações movidas contra o espólio. As alegações devem ser comprovadas.

Também se admitiu que é possível o pedido de credor do herdeiro que pretende remover o inventariante para ser nomeado para substituí-lo, desde que se trate de pessoa idônea[6].

As primeiras declarações serão apresentadas pelo inventariante, em 20 dias, a contar de seu compromisso assinado (art. 620 do CPC), por termo. Esse artigo traz os requisitos

---

4. *Comentários ao Código Civil* cit., p. 397.
5. TJAC, AgIn 99.000635-2, Câm. Cív., j. 8-11-1999, rel. Ciro Facundo; *RT* 779/292.
6. TJSP, AI 130.821-4/5, 1ª Câmara, j. 8-2-2000, rel. Des. Alexandre Germano; *RT* 777/266.

que devem conter essas Primeiras Declarações, com as providências de arrecadação e apuração de haveres, com balanço patrimonial (ativo e passivo), relacionando-se os nomes do autor da herança, herdeiros e legatários, os bens móveis, semoventes e imóveis, com seus respectivos valores, as dívidas do falecido.

Pode, ultimadas essas atividades, o inventariante apresentar suas últimas declarações, promovendo alterações, acréscimos que forem, apresentando cálculo do imposto *causa mortis*, que deve ser feito com a alíquota que vigorar à época do falecimento, nos termos da Súmula 112 do Supremo Tribunal Federal, levando-se em conta o valor dos bens na data de sua avaliação (Súmula 113 do STF), com o recolhimento do tributo exigível após a homologação do cálculo (Súmula 114 do STF)[7].

---

7. Súmulas 112, 113 e 114 do STF.

22 SONEGADOS

1 Conceito

"Sonegados são os bens ocultados maliciosamente, enquanto sonegação é a conduta de quem age desse modo, negando informações necessárias ao conhecimento do monte-mor e, com isso, desviando ou deixando de restituir os bens de herança", ensina Paulo Nader[1].

Escudado em vários Códigos Civis, no plano internacional, explica Zeno Veloso[2] que o "sonegador, com malícia, descumpre o dever – ético e jurídico – de declarar bens que integram o acervo hereditário, prejudicando os demais herdeiros, objetivando fraudar a partilha".

Completa Orlando Gomes[3] que "o silêncio por ignorância não configura sonegação. Não a presenteia, igualmente, a omissão involuntária".

E que: "Incorre na sanção, não apenas quem ocultar bens, mas também quem omitir créditos, simular doações, falsificar escrita para diminuir o ativo, encobrir dívida de herdeiro para com o espólio, extraviar títulos de dívida, ou utilizar-se de crédito falso contra a herança para baixar o monte-mor ou prejudicar herdeiro ou credor", escudado em Carlos Maximiliano.

É o que dispõe o Código Civil em seu art. 1.992: "O herdeiro que sonegar bens da herança, não os descrevendo no inventário quando estejam em seu poder, ou, com o seu conhecimento, no de outrem, ou que os omitir na colação, a que os deve levar ou deixar de restituí-lo, perderá o direito que sobre eles lhe cabia".

2 Pena civil

Como visto, da leitura do artigo anterior (1.992), ocorrendo sonegação de bens, a pena civil é a de perda do direito sobre esses bens.

Não se cogita, no caso, portanto, de pena da natureza penal, que seria a apropriação indébito (art. 168 do Código Penal).

---

1. Op. cit., p. 481.
2. *Comentários ao Código Civil* cit., p. 398.
3. Op. cit., p. 302.

Se o sonegador for o próprio inventariante, além de sofrer o perdimento de bens mencionado, sofrerá sua remoção, provando-se a sonegação ou negando ele e existência dos bens, quando indicados (art. 1.993 do CC).

Todavia, só se pode arguir de sonegação o inventariante depois que ele encerrar suas declarações de bens, descrevendo-os, com a declaração final dele de que não existem outros bens a inventariar e que o herdeiro não os possui (art. 1.996 do CC e 621 do CPC).

3 Ação de sonegados

Esse decreto de perdimento de bens, motivado por sonegação, só pode ocorrer fora do inventário, por ação própria de sonegados, movida pelos herdeiros ou pelos credores da herança (art. 1.994 do CC).

Esses bens revertem à herança e serão sobrepartilhados, bem como outros que se conhecerem após a partilha (art. 2.022, parágrafo único do art. 1.994 do CC).

Se esses bens sonegados não se restituírem, por já não os ter o sonegador em seu poder, porque os perdeu ou os alienou, deverá pagar os seus respectivos valores, além das perdas e danos (art. 1.995 do CC).

O Tribunal de Justiça de São Paulo[4] julgou que, caracterizada a sonegação, ante a impossibilidade de sobrepartilha pela inexistência dos bens, vendidos pelos herdeiros, deve haver o pagamento de indenização, correspondente aos direitos dos herdeiros lesados, pela via própria.

---

4. Ap 91.904-4/1, 4ª Câm., rel. Des. J.G.Jacobina Rabello, j. 27-1-2000; *RT* 777/251.

23 PAGAMENTO DAS DÍVIDAS

Com a morte, os bens do falecido transferem-se como um todo unitário aos herdeiros (art. 1.791 do CC), assim o ativo e o passivo.

Os bens do devedor falecido, com a sua morte, continuam respondendo pelos seus débitos (art. 391 do CC).

Entretanto, como visto, o herdeiro não responde por encargos superiores às forças de herança (art. 1.792, 1ª parte, do CC). Isto é, não responde *ultra vires hereditatis*.

O princípio repete-se no art. 1.997 do CC, pelo qual a herança responde pelo pagamento das dívidas do falecido (1ª parte) até a partilha, pois os herdeiros respondem cada qual por sua cota na herança, após a partilha (2ª parte). No mesmo sentido o art. 796 do CPC.

Por esse art. 1.997, se houver requerimento no inventário do pagamento de dívidas comprovadas documentalmente e havendo impugnação, poderá o juiz fazer reserva de bens suficientes para tal pagamento quando este tornar-se exigível (§ 1º). Todavia, o credor deverá ingressar com a ação de cobrança no prazo de 30 dias, sob pena de ineficácia da referida providência (§ 2º).

Também devem ser pagas as despesas funerárias, haja ou não herdeiros legítimos, todavia as despesas por sufrágios por alma do falecido, só serão pagas quando ordenadas em testamento ou codicilo (art. 1.998 do CC).

Haverá ação regressiva de uns contra outros, quando um paga o que todos deveriam ter pago, porque o débito é do espólio. Sendo um herdeiro insolvente, a sua parte deve dividir-se, proporcionalmente, entre os demais (art. 1.999 do CC).

Os legatários e os credores da herança podem exigir a separação do patrimônio do herdeiro (art. 2.000 do CC), para que se evite a confusão patrimonial, delimitando-se a massa sobre a qual incidirá a execução dos credores e do qual sairá o pagamento dos legados; é a *separatio bonorum* do Direito Romano[1].

Continua Zeno Veloso, comentando o art. 2.011 do CC:

> A dívida do herdeiro ao espólio é, por óbvio, um crédito da herança, que deve ser partilhado igualmente entre os herdeiros, do mesmo modo como ocorreria se o débito fosse de pessoa estranha à sucessão. Mas se o herdeiro-devedor quiser, e com isso concordar a maioria, o débito será imputado inteiramente no quinhão do devedor.

---

1. *Comentários ao Código Civil* cit., p. 403-404.

24   PARTILHA EM VIDA*

1   Possibilidade

A partilha em vida é possível, como acentua o art. 2.018 do CC, feita por ascendentes "por ato entre vivos ou de última vontade, contanto que não prejudique a legítima dos herdeiros necessários" (art. 1.776 do Código Civil de 1916).

Poderia parecer que essa partilha poderia contrariar o disposto no art. 426 do Código Civil (art. 1.089 do Código anterior), que assenta: "Não pode ser objeto de contrato a herança de pessoa viva".

Comentando o art. 1.089 do Código anterior, Clóvis Beviláqua[1] esclarece que nosso Código foi "fiel à tradição do nosso direito", condenando "os pactos sucessórios", mostrando que a "sucessão pactícia oferece grandes inconvenientes", contudo, ressalta a existência de duas exceções, referindo-se aos contratos antenupciais, sendo lícito aos cônjuges regularem a sua sucessão recíproca; e à possibilidade dos pais partilharem seus bens com seus filhos, por ato entre vivos, conforme admite o art. 1.776 do Código anterior (atualmente a matéria consta do art. 2.018 do Código Civil).

Comentando esse art. 1.776 (do Código Civil de 1916), esclarece Clóvis Beviláqua[2] que "A partilha em vida pode ser considerada uma doação, quando feita por ato entre vivos". O art. 2.018 do CC atual tem redação idêntica.

Acrescenta esse jurista que, seja essa partilha realizada por doação ou por disposição de última vontade, "terá de respeitar a legítima dos herdeiros necessários", sendo certo que, como doação, será nula "se abranger todos os bens do doador, sem reserva de parte ou renda suficiente para a sua subsistência", bem como "se houver omissão de um filho legítimo, legitimado, natural reconhecido, adotivo ou póstumo, porque todos eles têm direito à legítima (arts. 1.604 e 1.605)" (arts. 1.835 do CC atual, uma vez que o art. 1.605 do CC de 1916 foi revogado porque discriminatório de filho). A mesma nulidade existirá da "omissão de neto com direito de representação".

Completa esse ensinamento, ainda, Clóvis Beviláqua, elucidando: "Se a partilha é feita por ato entre vivos, por isso mesmo que tem o caráter de doação, e não o de sucessão de pessoas vivas, os filhos não são considerados herdeiros, mas sim, donatários,

---

*   Utilizei-me, como exemplo, de caso que analisei em Parecer de 19-3-2013, devidamente atualizado.
1.   *Código Civil comentado*, 1958, v. IV, p. 202.
2.   *Código Civil comentado*, cit., 9. ed. 1955, v. VI, p. 210-211.

enquanto viver o doador", podendo a partilha, portanto, sob as regras da doação, ser "revogada por ingratidão (art. 1.183)" (art. 557 do Código atual), sujeitando-se, mais "à rescisão pelos credores, que por ela forem fraudados".

E finaliza: "Se o quinhão de um dos herdeiros prejudicar a legítima de outro, estará sujeito à redução, segundo os preceitos dos arts. 1.721 e 1.727" (arts. 1.846 e 1.967 do Código atual).

A partilha em vida, portanto, não é uma mera doação, embora se apresente com a natureza desta, porque o real intuito dos pais é o de dividir, antecipadamente, a herança.

Bem acentua, nesse sentido, Caio Mario da Silva Pereira[3] quando alerta que a natureza jurídica da partilha em vida é de "sucessão antecipada", não importando, assim, "liberalidade", porque "realiza o objetivo de atribuir por antecipação a cada herdeiro os bens que na sucessão do ascendente lhe deveriam tocar. É ato estritamente familial, e somente permitido ao ascendente", escudado nos Irmãos Mazeaud e Astolpho Rezende.

E aduz que "A partilha em vida típica é a que se efetiva por doação", sujeitando-se às regras desta, em geral (Clóvis Beviláqua, Carlos Maximiliano, Itabaiana de Oliveira e Teixeira de Freitas). "E assim efetuada é irrevogável" (Astolpho Rezende).

Do mesmo modo, alertando de que não se refere à feita por testamento, já declarava Astolpho Rezende[4] que "a partilha feita por ato entre vivos é irrevogável", sendo certo que, em nosso Direito, "a doação é um adiantamento de legítima, não é uma liberalidade, e, portanto, só obriga o herdeiro beneficiado a trazer os bens à colação", daí por que "a partilha em vida é um ato definitivo e consumado". Seu principal efeito "é a imediata e irrevogável transferência dos bens, do domínio do pai para o dos filhos".

2 Desnecessidade de colação

Resta nítida a inutilidade da colação, se os bens doados, partilhados em vida, forem da mesma natureza, da mesma espécie, qualidade e quantidade, divididos igualmente entre os filhos – donatários.

Assinale-se, ainda, que a aludida necessidade de colação existe, para igualar os quinhões, que, no caso do analisado Parecer dado, já estão igualados. A conferência dos quinhões, *post mortem*, só existe para esse igualamento, quando ocorre doação isolada a um filho, em detrimento do outro, ou quando os quinhões da partilha em vida forem diferentes, com possibilidade de benefício de um descendente em detrimento do outro.

Por isso, ensina Washington de Barros Monteiro[5]: "Não se perca de vista, outrossim, que a colação só se legítima nos casos de doação, nos termos do art. 2.002 do Código Civil e não na hipótese de partilha em vida".

---

3. *Instituições de direito civil.* Direito das sucessões. 15. ed. 5ª tiragem, rev. e atual. por Carlos Roberto Barbosa Moreira. Rio de Janeiro: Forense, 2006. v. VI, p. 418.

4. *Manual do Código Civil brasileiro de Paulo de Lacerda*. D. Direito das Sucessões, do Inventário e Partilha. Rio de Janeiro: Jacintho Ribeiro dos Santos, 1929. v. XX, p. 301-302.

5. *Curso de direito civil* – Direito das sucessões. 11. ed. São Paulo: Saraiva, 1975. p. 313.

E isso, com apoio em julgado unânime, da 3ª Câmara Civil do Tribunal de Justiça do Rio Grande do Sul, já em 26 de julho de 1951, tendo em vista o art. 1.786 do Código anterior, sendo relator o Desembargador Darci Pinto[6]. Eis a ementa: "A colação de bens, que tem por fim igualar as legítimas dos herdeiros, só tem lugar em casos de dote e doação e não nos de partilha em vida". Esse art. 1.786, de 1916, corresponde ao art. 2.002 do CC atual, que determina que para igualamento das legítimas, os descendentes devem conferir o valor das doações que recebeu, sob pena de sonegação.

Por seu turno, adverte Arthur Vasco Itabaiana de Oliveira[7], quanto à colação dos bens partilhados em vida, que há que se distinguir "se houver, ou não, perfeita igualdade na distribuição dos quinhões entre os donatários", pois,

> Se houve – não tem lugar a colação, porque esta só se efetua para assegurar a igualdade das legítimas, nos termos do art. 1.785 do Cód. Civil, (...) se não houve – devem os herdeiros donatários trazer os bens à colação, a fim de ser cumprido o preceito legal da igualdade das legítimas; pouco importando, neste caso, que o filho prejudicado tenha aceitado, a partilha feita pelo pai quando foi da respectiva escritura, porque o Cód. Civil exige, expressamente, no art. 1.776, que a partilha, para ser válida, não prejudique a legítima dos herdeiros necessários.

O art. 1.785 do Código anterior corresponde ao parágrafo único dos arts. 2.002 e 2.003 *caput*; e o art. 1.776 do Cód. anterior é o art. 2.018 do atual, com texto idêntico do art. 1.776 do CC 1916.

Bem assentou, nesse sentido, decisão da 5ª Câmara Civil do Tribunal de Justiça de Minas Gerais[8], com a seguinte ementa: "O princípio da igualdade da partilha não é, necessariamente, a participação em todos os bens do espólio, mas a formação de quinhões iguais, de acordo com a avaliação daqueles".

Por seu turno, muito bem decidiu a 1ª Câmara Civil do Tribunal de Justiça de São Paulo, em 14-6-1988, sendo relator o Desembargador Renan Lotufo[9] entendendo:

> A produção antecipada de prova consistente em vistoria em glebas de terras doadas por ascendente a descendentes fundada na possibilidade de eventuais acessões e benfeitorias desigualarem os quinhões quando da abertura da sucessão é totalmente despicienda se se tratar de liberalidade efetuada a todos os filhos com aceitação de equivalência das doações na escritura pública, já que, nessa hipótese, não se poderão discutir valores na colação.

---

6. *RF* 140/329 e *RSTJ* 31/168; e TJRJ, AgIn 209438720108190000-RJ, 17 Câm. Cív., rel. Des. Luisa Dottrel Souza, j. 25-8-2010, publ. 2-9-2010.

7. *Tratado de direito das sucessões*. 4. ed. São Paulo: Max Limonad, 1952. v. III, p. 904.

8. Ap 12.633, em 16-4-1959, por maioria de votos, in: BUSSADA, Wilson. *Inventário e partilhas*. Rio: Ed. Rio, 1976. v. II, p. 589, n. 777.

9. *RT* 634/70.

3 Critérios de valoração dos quinhões

Quanto aos critérios de fixação dos valores dos quinhões, tenha-se presente que o Código Civil de 1916, por seu art. 1.787, acolheu a tese da conferência do próprio bem doado, em substância, portanto. Só possibilitava esse dispositivo legal que a colação fosse feita pelo valor, por estimação, dos bens doados, quando, ao tempo do falecimento do doador, os donatários não mais possuíssem ditos bens.

Muito se discutiu sobre a justeza desses critérios, também em face do fenômeno inflacionário, com as normais disparidades de valores, no tempo.

O próprio Código Civil de 1916, por ter sido editado em época de estabilidade econômica, possibilitou divergência na doutrina, quanto ao acolhimento de um ou de outro critério (colação em substância ou por estimação à data da doação, com a devida correção).

Com o advento do Código de Processo Civil de 1973, entretanto, não pôde mais haver qualquer dúvida quanto ao critério legal, pois o art. 1.014 (art. 639 do CPC atual) determina, em seu parágrafo único, que "Os bens que devem ser conferidos na partilha, assim como as acessões e as benfeitorias que o donatário fez, calcular-se-ão pelo valor que tiverem ao tempo da abertura da sucessão".

Aliás, a Primeira Turma do Supremo Tribunal Federal, corroborou esse entendimento, no RE 100.332-4/MG, em 6-9-1984, sendo relator o Ministro Rafael Mayer e relator para o acórdão o Ministro Oscar Correa[10] em que se decidiu que: "O princípio da igualdade da partilha conduz à avaliação contemporânea de todos os bens, especialmente em face da inflação existente no País".

Quanto à situação atual do valor da colação, ensina Sílvio de Salvo Venosa[11] que:

> A questão era saber se a colação seria feita em valor ou em substância. O art. 2.004 determina que esse valor seja o do momento da liberalidade. Talvez seja esse o melhor critério, o do valor, mas ambos darão distorções no procedimento avaliatório. Desse modo, há uma modificação de critério imposta pelo novel Código Civil. O art. 2.004 estabelece que o valor da colação dos bens doados será aquele certo ou estimativo, que constar do ato de liberalidade. Se não houver valor certo no ato, nem estimativa feita à época, os bens serão conferidos na partilha pelo que então se calcular que valesse ao tempo da liberalidade (§ 1º). Não será computado, para a colação, o valor das benfeitorias acrescidas, as quais pertencem ao herdeiro donatário. A avaliação monetária será de rigor, se houver necessidade de comparação ou pagamento com valores contemporâneos. Também caberão ao donatário os rendimentos ou lucros da coisa, assim como os danos e perdas que os bens referidos sofrerem (§ 2º). Tanto as benfeitorias como os lucros e perdas são valores

---

10. *Lex – Jurisprudência do Supremo Tribunal Federal*, v. 72, p. 169. Ver, ainda, *RTJ* 110/1162.
11. *Direito civil*. Direito das sucessões. 12. ed. São Paulo: Atlas, 2012. v. 7, p. 388.

que não integram o valor original colacionado pois a sua origem é posterior ao negócio de doação.

No caso do Parecer ora analisado, como visto, os bens divididos são os mesmos, quotas da mesma espécie, quantidade e qualidade, com os mesmos valores, a cada época, ainda que existam todas, no momento da sucessão *causa mortis*, dos seus antigos titulares, doadores.

Também esse pensamento é mantido pelo Pretório Excelso, por sua Segunda Turma, no RE 90.812-9/RJ, em 16-12-1980, sendo relator o Ministro Djaci Falcão[12] ao assentar:

> Inventário. Colação. Sua Finalidade é igualar as legítimas dos herdeiros (art. 1.785 do Código Civil). Na espécie, é incontroverso que os doadores cuidaram de igualar as partes de todos, à feição doação – a partilha, com a presença e expresso assentimento dos donatários, maiores e capazes. Ao lado disso, é de se considerar que a eventual mutação dos valores não tem o condão de alterar a igualdade das legítimas. O acórdão recorrido, ao admitir o instituto da colação negou vigência ao disposto no art. 1.785 do Código Civil, bem assim discrepou de melhor interpretação jurisprudencial. Provimento do primeiro recurso, para restabelecer a sentença, julgando-se prejudicado o segundo.

Refere-se esse julgado ao texto do Código Civil de 1916; art. 2.003 do Código atual.

Decidiu, ainda, esse venerando julgado[13] que não era de aplicar-se o art. 1.014 do Código de Processo Civil de 1973, nesse caso, porque não se verificava, ali, a hipótese de colação.

Todavia, volto a lembrar que, em matéria de valor, ora cogitado, o art. 1.014 do CPC anterior foi ratificado pelo art. 639 do CPC de 2015.

4 Cálculo da parte disponível e da legítima

Segundo orienta o art. 1.847 do Código Civil, a metade disponível deve ser calculada "sobre o valor dos bens existentes na abertura da sucessão, abatidas as dívidas e as despesas do funeral, adicionando-se, em seguida, o valor dos bens sujeitos a colação".

Assim, pagas as dívidas do falecido e as despesas de seu funeral, o espólio, o que restar, será dividido em duas partes: a disponível e a legítima (esta já partilhada em vida, no caso do Parecer ora utilizado).

---

12. *Lex – Jurisprudência do Supremo Tribunal Federal*, v. 32, p. 95; e TJSP, AI 21401845020158260000-SP, 3ª Câm. de Dir. Privado, rel. Des. Donegá Morandini, j. 15-9-2015, publ. 16-9-2015.
13. Idem, p. 97.

Confirmava esse enunciado legal, na época, escudado no art. 1.722 do Código anterior, o ensinamento de Pontes de Miranda[14] segundo o qual

> calcula-se a metade disponível dividindo-se pelo meio a soma de valores dos bens existentes à época do falecimento do hereditando. Não se trata dos valores ao tempo do falecimento, coisa que só interessa ao imposto; mas dos valores ao tempo da liquidação, dos bens existentes ao tempo do falecimento. É isso que se divide por dois – a metade necessária, a metade disponível.

A primeira metade doada em vida – partilha antecipada, como apreciado nesse mesmo caso (meu Parecer). Trata-se de doutrina, também ante o disposto no art. 1.847 do CC atual.

Resta evidente que a porção disponível vai surgir, com a metade dos bens existentes, no patrimônio do testador, no momento de sua morte.

No presente caso, do Parecer mencionado, com a partilha em vida, em igualdade de condições, entre os descendentes, dispensa-se, como visto, a colação que deve integrar, entretanto, se devida, a legítima, para ser objeto de divisão equânime.

Anota, ainda, o mesmo Pontes de Miranda[15] que "A metade disponível pode ser menor que a soma dos quinhões necessários efetivamente recebidos. Tal paradoxo resulta das colações, que aumentam a porção necessária, porém não a metade disponível (art. 1.785)" (do Código anterior; atuais parágrafo único dos arts. 2002 e 2003).

Portanto, só no momento da morte é que se podem calcular as aludidas partes, cumpridas as mencionadas determinações legais.

E aduz o mesmo jurista, em seguida: "

> Por ocasião da morte do doador é que se tem de levar a colação o valor de tudo que foi doado (cf. art. 1792), como incluso na parte disponível, ou no adiantamento da legítima (art. 1.785). É então que se sabe qual o valor da parte legítima (art. 1.785). É então que se sabe qual o valor da parte legítima e qual o valor da parte disponível. Se alguém recebeu mais do que pode caber na porção disponível, quer a título de doação de valor inservível na porção disponível, quer de valor da quota de legítima, então há a redução.

Artigos do Código anterior.

Nesse caso ora dado (do aludido Parecer), repita-se, com a partilha em vida, definitivamente feita pelos doadores, em perfeita igualdade de direitos, entre os descendentes, nada há que colar.

---

14. *Tratado de direito privado*. 3. ed. reimpr. Rio de Janeiro: Borsoi, 1973. t. 58, p.51.
15. Op. cit., p. 52-53.

5 Cláusulas de usufruto vitalício, de inalienabilidade, de impenhorabilidade e de incomunicabilidade

São frequentes doações dos pais a seus filhos, com reserva de usufruto, em seu favor, acrescendo, com a morte de um, o benefício do outro, até o falecimento de ambos.

O usufruto constitui-se por disposição de lei ou da vontade das partes.

Como bem esclarece Manoel Ignácio Carvalho de Mendonça[16] na primeira espécie, compreendem-se os casos do usufruto legal; na segunda, encontra-se os atos *inter vivos* e o testamento.

> No usufruto instituído por contrato é essencial distinguir. Há um modo por alienação e outro pela retenção. O primeiro ocorre quando o proprietário cria para terceiro um direito sobre sua coisa que antes ela não tinha. O segundo resulta da alienação que faz o proprietário de sua coisa, reservando-se o usufruto. Aliás, essas duas maneiras têm seu símile nos casos de usufruto constituído em testamento. Aqui, pode o testador legar o usufruto e deixar a sua propriedade na sucessão, ou legar a sua propriedade e deixar aos herdeiros só o usufruto como já fazia o direito romano.

Por seu turno, entretanto, ressalta Orlando Gomes[17] que "A constituição por alienação pode dar-se mediante contrato, ou testamento. A retenção somente sob forma contratual".

Também porque: "O contrato não é forma usual de constituição do usufruto. Emprega-se, ordinariamente, quando o concedente doa o bem, mas quer reter os direitos de usá-lo e fruí-lo".

Nada impede que o usufruto tenha por objeto ações de companhia ou quotas de empresas, como no caso ora sugerido; todavia, ocorrendo a extinção dessa empresa, o direito do usufrutuário passa a exercer-se sobre os valores dessas mesmas quotas (usufruto impróprio ou quase usufruto).

O Primeiro Tribunal de Alçada Civil do Estado de São Paulo, acolhendo, com fundamento, ainda, no art. 29 do revogado Decreto-lei n. 2.627/40, a constituição de usufruto sobre ações de sociedade anônima, reconheceu a necessidade de averbação em livro próprio[18].

---

16. *Do usufruto, do uso e da habitação no Código Civil brasileiro*. Rio de Janeiro: Cândido de Oliveira, 1922. p. 90.
17. *Direitos reais*. 7. ed. Rio de Janeiro: Forense, 1980. p. 301.
18. *RT* 450/154.

Tenha-se presente, ainda, que o usufruto, no que concerne à sua duração, pode ser vitalício ou temporário; o primeiro deve durar enquanto for vivo o usufrutuário; o segundo está limitado a um termo prefixado.

Sendo possível, portanto, reserva-se o usufruto, na doação, e essa restrição pode coexistir com as cláusulas restritivas de inalienabilidade, impenhorabilidade e incomunicabilidade.

A jurisprudência dos nossos Tribunais tem admitido a coexistência dessas cláusulas e assentado que "As cláusulas de inalienabilidade, impenhorabilidade e incomunicabilidade, impostas em doação, subsistem após a extinção do usufruto reservado pelos doadores, e após a morte destes"[19].

Pacificou-se, então, a jurisprudência, nesse sentido, inclusive em acórdão de 12 de agosto de 1982, da 5ª Câmara Civil do Tribunal de Justiça do Estado de São Paulo, sendo relator o Desembargador Carvalho Neves[20] em que só se admitiu a extinção de todas as aludidas cláusulas restritivas (inalienabilidade e impenhorabilidade, gravando imóveis doados com reserva de usufruto), "com o falecimento dos doadores e donatários".

No que respeita à cláusula de inalienabilidade, vem ela prevista e autorizada pelo art. 1.911 do Código Civil, que assenta: "A cláusula de inalienabilidade, imposta aos bens por ato de liberalidade, implica impenhorabilidade e incomunicabilidade".

Tive oportunidade de conceituar esse instituto[21] como

> a imposição, pelo proprietário de um bem, da impossibilidade de sua transferência patrimonial por parte de quem o adquire, quer no interesse daquele, quer no do adquirente, quer no de terceiros. Essa cláusula é um dispositivo de paralisação patrimonial, que se insere em um negócio jurídico, geralmente gratuito, com caráter acessório.

A inalienabilidade pode ser quanto à sua extensão, absoluta ou total, quando são gravados todos os bens do contrato clausulado, de tal sorte que eles não podem ser alienados a qualquer pessoa, e relativa ou parcial, quando são gravados somente alguns bens

---

19. *RT* 487/56; 448/97; 443/135; 437/105, 412/158, 391/222; 389/159 e 216 e 223, 386/178, 384/140 e 180; 376/165; 374/173 e 181, 366/217; 363/162; 349/150; 345/142; 332/235; 317/122; 310/424; 298/224; 266/596; 248/429; 241/178; 237/460; 231/167; 203/363; 195/280; 188/294; 183/319 e 692 e 695, 182/331, 178/918; 177/622; 173/694; 171/614; 167/704; 114/590, e, mais, em destaque, a orientação do STF: *RTJ*, 56/369; 52/100; 49/208 e 632; 41/632; *RT* 205/575; *RF* 227/179 e 218/163; todos esses julgados constam no voto vencedor do Desembargador Sydney Sanches, na decisão da 4ª Câmara Civil do Tribunal de Justiça de São Paulo, por maioria de votos, em que foi relator o Desembargador Correia das Neves, também com voto vencedor, em 14 de agosto de 1975, *RT* 487/56, especialmente p. 58 e 59.

20. *RT* 565/57.

21. AZEVEDO, Álvaro Villaça. Cláusula de inalienabilidade. Verbete. *Enciclopédia Saraiva do Direito*. São Paulo: Saraiva, 1978. v. 15, p. 48.

ou parte do seu valor, não podendo ser alienados a quem quer que seja, ou, ainda, a totalidade dos bens a determinadas pessoas.

Por vontade dos interessados quanto à sua duração, a inalienabilidade pode ser vitalícia ou temporária. É vitalícia, quando estabelecida para durar enquanto viver o adquirente do bem gravado, não podendo durar além da vida de uma pessoa. A temporária perdura por um lapso de tempo menor, dependendo de uma condição ou de um termo. A inalienabilidade não pode ser perpétua, indefinida, como visto.

Resta evidente, portanto, que os bens, gravados pela cláusula de inalienabilidade, não podem, a qualquer título, passar ao patrimônio alheio, não podendo seu proprietário aliená-los.

Essa é, assim, a inalienabilidade, propriamente dita, em toda sua abrangência: podendo, entretanto, ser desmembrada em duas categorias de âmbitos menores: a impenhorabilidade e a incomunicabilidade, que vedam, respectivamente, a alienação, em execução, por credores do adquirente, do bem clausulado, como também a comunicação desse objeto ao patrimônio do cônjuge desse adquirente, seja qual for seu regime de bens, no casamento.

A doutrina e a jurisprudência têm, acertadamente, admitido que as cláusulas menores, de incomunicabilidade e de impenhorabilidade, podem ser estipuladas, isoladamente ou em conjunto, com as suas próprias limitações. Todavia, estabelecida a cláusula de abrangência maior, de inalienabilidade, estará ela incluindo as duas outras.

Existe, nesse sentido, Súmula de Jurisprudência Predominante do Supremo Tribunal Federal, que admite: "A cláusula de inalienabilidade inclui a incomunicabilidade dos bens". E, consequentemente, tenho certo, a impenhorabilidade.

O art. 1.911 do Código Civil atual, como visto, consolidou esse entendimento.

Havendo cláusula de inalienabilidade sobre determinado bem, a pessoa que o adquire tem-no paralisado em seu patrimônio, não podendo transferir o domínio do bem a quem quer que seja (terceiros, cônjuge, companheiros ou credores, por via de execução).

A inalienabilidade é, portanto, o poder máximo de paralisação patrimonial, pois a incomunicabilidade só impede que o bem gravado passe ao patrimônio do cônjuge ou do companheiro do adquirente, e a impenhorabilidade somente obsta a que o objeto do gravame a transfira, por execução, ao patrimônio dos credores do mesmo adquirente.

6 Direito de voto, ante as aludidas cláusulas restritivas sobre quotas de sociedade

Havendo gravame, pelas mencionadas cláusulas restritivas, sobre as cogitadas quotas de sociedade, surge a questão seguinte: a quem pertence o direito de voto sobre as mesmas quotas? Ao usufrutuário ou ao nu-proprietário.

Sim, porque, com relação à inalienabilidade, as quotas deverão permanecer no patrimônio do nu-proprietário; no caso estudado, do donatário que receber as quotas gravadas.

A legislação anterior, o Decreto-lei n. 2.627/40, já previa a matéria, estatuindo, em seu art. 84, especificamente, que "No usufruto de ações, o direito de voto somente poderá ser exercido mediante prévio acordo entre o proprietário e o usufrutuário".

Comentando esse dispositivo legal, afirmava, à época, Carlos Fulgêncio da Cunha Peixoto[22] que, ao ser utilizado o verbo "poder", com o advérbio "somente ("somente poderá"), o que indica "obrigatoriedade" e "exclusivamente", "no caso de usufruto, o exercício" do direito de voto "depende de acordo entre nu-proprietário e o usufrutuário". E acrescenta, concluindo: sem esse prévio acordo, "é impossível o voto".

E arremata: "Não vemos como em face da lei brasileira o juiz possa atribuir o direito de voto a um ou outro, já que ficaria sempre diante de duas partes nu-proprietário e o usufrutuário, ambos com interesse, muitas vezes conflitantes, na administração, sem um critério prévio para conferir a algum deles o voto".

Esse mesmo artigo, da legislação revogada, explica Tullio Ascarelli[23], admitiu "poder o voto ser desassociado da propriedade das ações e poder ser atribuído (como acontece no penhor ou no usufruto) a quem tenha um direito real (embora diverso da propriedade) sobre a ação", concluindo, por isso, em seu Parecer, sob enforque, não haver "obstáculo na atribuição de voto ao depositário".

No mesmo sentido, a vigente Lei de Sociedade Anônimas (Lei n. 6.404/76) assenta, em seu art. 114, que: "O direito de voto da ação gravada com usufruto, se não for regulado no ato da constituição do gravame, somente poderá ser exercido mediante prévio acordo entre o proprietário e o usufrutuário".

Quanto ao texto atual, ensina Modesto Carvalhosa[24] que:

> A Lei n. 6.404/76, não modificou a substância da norma anterior correspondente, isto porque o prévio acordo poderá estar fixado tanto no instrumento de constituição do gravame como ser posteriormente estipulado ou modificado. A lei vigente, sequiosa no cerceamento do voto sob as mais diversas formas e pretextos, reiterou, nesse particular, o partido tomado pelo Decreto-lei n. 2.627, de 1940, que negava o seu exercício tanto ao nu-proprietário quanto ao usufrutuário na ausência de acordo sobre sufrágio.

---

22. *Sociedades por ações*. São Paulo: Saraiva, 1972. 2º v., p. 373.
23. *Ensaios e pareceres*. São Paulo: Saraiva, 1952. p. 193.
24. *Comentários à Lei de Sociedades Anônimas*. São Paulo: Saraiva, 1978. 4. v., p. 98.

25 COLAÇÃO

1 Conceito

Colação é "a restituição ao acervo hereditário dos valores recebidos pelos herdeiros, a títulos de doação, para subsequente inclusão na partilha, a fim de que esta se realize com igualdade", declara Washington de Barros Monteiro[1].

Estatui o art. 2.002 do CC que "Os descendentes que concorrem à sucessão do ascendente comum são obrigados, para igualar as legítimas, a conferir o valor das doações que dele em vida receberam, sob pena de sonegação" (*caput*).

Confirma esse teor julgado do Tribunal do Rio de Janeiro.[2]

Pelo parágrafo único, seguinte, para o cálculo da legítima, o valor dos bens conferidos será computado na parte indisponível, sem aumentar o disponível.

Acentua Zeno Veloso que a colação é figura típica da sucessão legítima, até, melhor dizendo, da sucessão necessária ou legitimária, pois tem o objetivo de igualar os quinhões dos herdeiros, necessários, como no caso ora analisado (do Parecer), dispõe o art. 2.003 do CC.

2 Valor da colação

Reza o art. 2.003, por seu parágrafo único, que, "sendo computados os valores das doações feitas em adiantamento de legítima, não houver no acervo bens suficientes para igualar as legítimas dos descendentes e do cônjuge" (e do companheiro), "os bens assim doados serão conferidos em espécie, ou, quando deles já não disponha o donatário, pelo seu valor ao tempo da liberalidade".

Também o art. 2.004, seguinte, reedita o critério do valor de colação dos bens doados, como o certo e estimativo, que lhes atribuir o ato de liberalidade (como mencionava o art. 1.792 da CC de 1916).

Esse art. 2.004 do CC revogou tacitamente o art. 1.014 do CPC de 1973, que determinava essa avaliação ao tempo da abertura sucessória.

---

1. *Comentários ao Código Civil* cit., p. 312.
2. TJRJ, AgIn 209438720108190000-RJ, 17ª Câm. Cív., rel. Des. Luisa Bottrel Souza, j. 25-8-2010, publ. 2-9-2010.

Sugeriram, então, Euclides de Oliveira e Sebastião Amorim[3] que esse valor ao tempo da liberalidade devia atualizar-se com os índices da correção monetária até a data da abertura sucessória, dados os problemas com a inflação e outros.

Entretanto, esses arts. 2.003, parágrafo único, e 2.004 foram revogados, quanto ao valor da colação dos bens, que tornam, pelo CPC de 2005, por seu art. 639, parágrafo único, à época da abertura da sucessão, *verbis*: "Os bens a serem conferidos na partilha, assim como as acessões e as benfeitorias que o donatário fez, calcular-se-ão pelo valor que tiveram ao tempo da abertura da sucessão".

Esse dispositivo é mais justo, dado, principalmente, a alteração de valores, pelo fenômeno de inflação.

Ressalte-se, entretanto, a regra do § 2º do art. 2.004 que determina que só o valor dos bens doados entrará em colação, pois o das benfeitorias acrescidas pertencem ao herdeiro donatário, que os realizou, correndo à conta deste, também, os lucros e rendimentos, assim como as perdas e danos que eles sofrerem.

3 Dispensa de colação

A dispensa de colação deve ficar expressa, como estabelece a primeira parte do art. 2.005 do CC.

O doador, assim, deverá determinar expressamente no ato da doação que ele saia de sua parte disponível.

Presume-se imputada na parte disponível a liberalidade feita a descendente que, ao tempo do ato, não seria chamado à sucessão na qualidade de herdeiro necessário (parágrafo único).

Comentando o dispositivo legal do Código anterior (art. 1.788, 1ª parte) Clóvis Beviláqua[4] declara que o doador pode dispor "livremente" "da metade de seus haveres e tem direito de deixá-la a um dos seus descendentes: o que não lhe é permitido é diminuir as legítimas dos outros, em benefício daquele que lhe merece a preferência".

Em seguida, o mesmo Clóvis, comenta o art. 1.789 seguinte que reza: "dispensa de colação pode ser outorgada pelo doador, em testamento, ou no próprio título de liberalidade", deixando evidente que:

> A dispensa da colação deve ser expressa e constar do próprio título da liberalidade ou do testamento. Do próprio título, porque a dispensa importa inclusão da liberalidade na parte disponível, apreciada no momento; de testamento, porque ao testador é lícito deixar a sua metade, a quem escolher, e pelo modo que preferir. Não há dispensas virtuais, como alguns pretendem, quando a forma da doação afasta a

---

3. *Inventário e partilhas, direito das sucessões, teoria e prática.* 23. ed. São Paulo: Leud, 2013. p. 526 e 327.
4. *Código Civil comentado* cit., 1958, 10. ed., atualizada por Achilles e Isaias Bevilaqua, p. 215-216.

possibilidade de qualquer declaração (donativos manuais, ou por pessoas interpostas), nem tão pouco dispensas presumidas, como permite o Código Civil suíço.

O artigo comentado é o atual art. 2.006 do CC.

Por seu turno, acentua Arthur Vasco Itabaiana de Oliveira[5] que "A dispensa de colação pode ser outorgada pelo doador, ou dotador, em testamento, ou no próprio título da liberalidade. Sem essa dispensa expressa, o dote, ou a doação importa adiantamento de legítima e como tal deve vir à colação".

A dispensa deve ser em "termos claros e explícitos", "é ato formal", "deve ser expressa, no ato da liberalidade", mostram os doutrinadores[6].

4 Redução das doações

Ficam sujeitas à redução as doações, em que se apurar excesso quanto ao valor de que o doador poderá dispor, no momento da liberalidade (art. 2.007, *caput*, do CC).

Se a doação for inoficiosa, apenas no que exceda à parte disponível do doador e a legítima dos donatários, reconhece-se a inoficiosidade[7]

O excesso será apurado com base no valor que tinham os bens doados, no momento da liberalidade (§ 1º).

Volta, aqui, o CC ao critério de valoração patrimonial, no momento da liberalidade.

Porque, nesse momento, é preciso saber se a liberalidade cabia na parte disponível do doador.

Contudo, pela redução restituir-se-á ao monte o excesso apurado, sendo a restituição em espécie, ou, se não for possível (inexistência do bem), em dinheiro ao tempo da abertura da sucessão (§ 2º).

5 Renunciante ou excluído da herança

Tanto o que renunciar a herança como o que for dela excluído, indigno ou deserdado devem conferir as doações recebidas, para repor o que exceder a parte disponível (art. 2.008 do CC).

Para efeito desse dispositivo ficam igualados o renunciante da herança e o excluído dela (indigno ou deserdado).

---

5. *Tratado de direito das sucessões*. 4. ed. São Paulo: Max Limonad, 1952. v. III, p. 837-838).

6. MONTEIRO, Washington de Barros. *Curso de direito civil* – Direito das sucessões. 34. ed. rev. e atual. por Zeno Veloso. São Paulo: Saraiva, 2000. v. 6º, p. 313, n. 182; PEREIRA, Caio Mário da Silva. *Instituições de direito civil*. Direito das sucessões. 11. ed. Rio de Janeiro: Forense, 1996. v. VI, p. 295; ALMADA, Ney de Mello. *Direito das sucessões*. 2. ed. São Paulo: Brasiliense, 1991. v. 2, p. 377, entre outros.

7. STJ, EDcl no REsp 1361986-SC, 3ª Turma, rel. Min. Nancy Andrighi, j. 24-4-2017, *DJe* 5-5-2014.

Também, no mesmo sentido, o art. 640 do CPC.

Comentando o citado art. 2.008 do CC, deixa claro Zeno Veloso[8] que, quanto ao renunciante da herança, ele não é mais herdeiro, contudo não abriu mão do que recebeu em vida do falecido. Assim, o renunciante retém a doação, tendo de conferir, entretanto, o valor da liberalidade, restituindo ao monte hereditário o que excedeu a parte disponível do doador.

E continua, com relação ao excluído da sucessão, toma a posição doutrinária de que ele pode conservar a liberalidade, conferindo o valor e perdendo a parte inoficiosa, pois não existe "preceito estatuindo, como consequência da exclusão da herança, a automática revogação" das aludidas liberalidades feitas em vida do falecido.

6 Representação do donatário

Quando os netos, representando seus pais, sucederem aos avós, serão obrigados a trazer à colação, ainda que não o hajam herdado, o que os pais teriam de conferir (art. 2.009 do CC).

Como explica Silvio Rodrigues[9], "no Direito Brasileiro, em princípio, quem deve conferir são os descendentes (CC, art. 2.002)", como já analisei, e que cumpre, portanto, a eles "colacionar as doações que receberam, ao serem chamados à sucessão, por direito próprio; e devem conferir as doações recebidas por ser representado, quando chamados a suceder por direito de representação".

E conclui, a mostrar que esta é a hipótese do art. 2.009 do CC brasileiro, que "impõe aos netos que representarem seus pais na sucessão de seu avô o dever de trazer à colação o que os mesmos deviam conferir, ainda que não o hajam herdado".

7 Gastos não sujeitos à colação

Diz o art. 2.010 do CC:

> Não virão à colação os gastos ordinários do ascendente com o descendente, enquanto menor, na sua educação, estudos, sustento, vestuário, tratamento nas enfermidades, enxoval, assim como as despesas de casamento, ou as feitas no interesse de sua defesa em processo-crime.

---

8. *Comentários ao Código Civil* cit., p. 427.
9. Op. cit., p. 309.

Esses gastos, nesse artigo mencionados, realizam-se por deveres naturais, de família, que se enquadram no âmbito jurídico, não podendo ser confundidos com liberalidades.

Devem, assim, esses gastos ser ordinários, comuns, e os entendo em *numerus apertus*, ou seja, podem existir outros que serão admitidos por critérios do juiz e os indicados pela doutrina.

Desse modo, lembre-se de que o dever alimentar não obriga, tão somente, os pais com relação aos filhos menores, mas apresenta-se com ampla abrangência, de natureza social.

Veja-se o disposto no art. 1.694 do CC, *verbis*: "Podem os parentes, os cônjuges ou companheiro pedir uns aos outros os alimentos de que necessitam para viver de modo compatível com a sua condução social, inclusive para atender às necessidades de sua educação".

Assim, por exemplo, acontece com os filhos maiores, que necessitam realizar estudos para concluir o curso universitário[10].

8 Doação por ambos os cônjuges, companheiros e parceiros

Assenta, finalmente, o art. 2.012 do CC que, sendo a doação feita por ambos os cônjuges, e eu acrescento, pelos companheiros e parceiros, no inventário de cada um se conferirá por metade.

Daí decorre a presunção de que cada doador doou a sua metade.

---

10. Conforme *RT* 698/156 e 727/262.

26 DOAÇÃO REMUNERATÓRIA*

1 Conceito

Cuidando da doação "feita em contemplação do merecimento do donatário, assenta o art. 540 do CC que ela "não perde o caráter de liberalidade", como, também, "não o perde a doação remuneratória, ou a gravada no excedente ao valor dos serviços remunerados, ou ao encargo imposto".

Conceituando a doação remuneratória, ensina Maria Helena Diniz[1] que:

> é aquela em que, sob a aparência de mera liberalidade, há firme propósito do doador de pagar serviços prestados pelo donatário ou alguma outra vantagem que haja recebido dele. São feitas pelo doador não tanto pelo espírito de liberalidade, mas pela necessidade moral de compensar serviços que lhe foram prestados.

Em parecer que dei em 2 de outubro de 2001, já com adaptações ao Código Civil de 2002, destaquei que, pelo simples fato de gratidão dos doadores, ainda que fossem considerados inestimáveis, moralmente, os serviços prestados pelos donatários foram compensados com as doações de bens, pois estes, sem esses mesmos trabalhos, não teriam tido a expressão valorativa, que tiveram. Esses serviços, portanto, nesse caso que analisei, entendi-os imprescindíveis ao crescimento patrimonial dos titulares doadores.

Lembre-se, nesse passo, o ensinamento de Agostinho Alvim[2], segundo o qual "doação remuneratória é aquela que alguém fez para remunerar ou retribuir serviços que lhe foram prestados".

Esclarece Alfredo Ascoli[3] que, na "doação remuneratória, pura e simples, que é feita em reconhecimento de serviços ou méritos não patrimonialmente estimáveis, pelo menos nos confrontos entre o doador e o donatário, não se pode distinguir a parte onerosa da gratuita do negócio".

---

* Utilizei-me do texto do meu Parecer de 2 de outubro de 2001, devidamente atualizado.
1. *Tratado teoria e prática dos contratos*. São Paulo: Saraiva, 1993. v. 2, p. 54.
2. *Da doação*. São Paulo: Revista dos Tribunais, 1963. p. 49.
3. *Trattato delle Donazioni*. 2. ed. Milano: Società Editrice Libreria, 1935. p. 492.

Todavia, acrescento, em face da análise do meu Parecer, citado, que pelo simples fato da gratidão dos doadores, como no caso sob estudo, ainda que fossem considerados inestimáveis, moralmente, os serviços prestados pelos donatários, encontram-se eles compensados com as doações de bens, pois estes, sem esses mesmos trabalhos, não teriam tido a expressão valorativa, que tiveram. Esses serviços, portanto, foram imprescindíveis ao crescimento patrimonial dos titulares doadores.

Analisando a expressão "serviços", alerta o mesmo professor Alvim, citado, que

> não deve ser tomada somente na sua acepção mais comum, que é a de trabalhos que alguém desempenha a favor de outrem: serviços dos empregados domésticos, dos advogados, dos médicos. Presta serviços aquele que serve a alguém de algum modo: trabalhos com a educação ou com moléstia, hospedagem gratuita; e apoio e proteção, que muitas vezes demandam gastos.

E prossegue:

> O sentido lato impõe-se, porque quem remunera, ou gratifica, não este tomando a iniciativa de fazer liberalidade ou obséquio; o que faz é em retribuição, em correspondência. Assim sendo, temos que dar à expressão serviços amplitude bastante, de modo a abranger todos os casos em que a dádiva se revista de caráter de gratificação, remuneração, ou pagamento.

Cite-se, nesta oportunidade, importante julgado da Terceira Turma do Superior Tribunal de Justiça, sendo relator o Ministro Waldemar Zveiter (*RSTJ*, 7/395) que, por votação unânime, entendeu "admissível a liberalidade como natureza compensatória", acentuando, naquele caso, o mesmo Ministro relator[4] que:

> era fato público e notório, naquela cidade do hinterland gaúcho, a necessidade assistencial do casal doente, cuja solicitação era constantemente dirigida a seus filhos, um dos quais – Selma – resolvera assumir os encargos dessa assistência e os assumiu com dedicação diuturna, ao longo de 23 anos.

No caso, que ora analisei em meu Parecer, do mesmo modo é fato público e notório, conforme declarado pelos titulares dos bens a serem partilhados, reconhecido, de modo explícito, o mérito dos filhos que já receberam e estão por receber doações compensatórias de seu trabalho em prol dos doadores.

---

4. Op. cit., p. 399.

No mesmo sentido, o Tribunal de Justiça do Estado de São Paulo, por sua Primeira Câmara Civil, sendo relator o Desembargador Galvão Coelho[5], admitiu válida, por votação unânime, "doação feita em reconhecimento a serviços prestados". Mesmo tendo sido alegado que "o bem doado teria valor superior à metade disponível da doadora"[6], na data da doação (18-11-1969), entendeu-se, ante a prova pericial realizada, nesse feito, que, "tomados os valores em 1969, o bem doado cabia perfeitamente na parte disponível da doadora"[7].

Entre os bens doados ou a serem doados, móveis e imóveis, encontram-se cotas de sociedade limitada e ações de sociedade anônima.

2 Personalismo nas sociedades por cotas e nas anônimas de capital fechado

Cumpre, inicialmente, "enfrentar o mais árduo problema doutrinário, referente à sociedade por cotas, qual seja, o de classificá-la, ou não, entre as sociedades de pessoas", como alerta Rubens Requião[8].

"Discute-se, assim", continua esse mesmo jurista, "ferrenha e irreconciliavelmente, a natureza personalista ou capitalista da sociedade por cota, dadas as consequências doutrinárias e práticas que disso decorrem".

Aponta esse professor[9] a tendência da doutrina e da jurisprudência brasileiras considerarem a sociedade por cotas *cum intuitu personae*, escudando-se em ensinamentos de Fran Martins[10], de Waldemar Ferreira[11] e de Carlos Fulgêncio da Cunha Peixoto[12].

Todavia, mostra Rubens Requião a inclinação do Supremo Tribunal Federal, em considerar essa sociedade como de tipo misto, "um meio-termo entre as sociedades de pessoas e sociedades de capitais"[13], alinhando vários acórdãos, nesse sentido[14].

Em seguida, ensina Rubens Requião que, malgrado a posição do Pretório Excelso, que não se pode desconsiderar, "a sociedade por cotas de responsabilidade limitada

---

5. *RJTJESP – Lex* 94/101.
6. Decisão cit., p. 102.
7. Decisão cit., p. 103.
8. *Curso de direito comercial*. 17. ed. São Paulo: Saraiva, 1986. 4º v., p. 336, item 258.
9. Op. cit., p. 336 a 338.
10. *Sociedade por cotas no direito estrangeiro e brasileiro*. Rio de Janeiro: Forense, 1960. 1º v., n. 114, p. 317.
11. *Tratado de direito comercial*. São Paulo: Saraiva, 1961. 3º v., n. 259, p. 409.
12. *A sociedade por cotas de responsabilidade limitada*. Rio de Janeiro: Forense, 1956. n. 67, p. 58.
13. Op. cit., p. 337-338.
14. *RDM*, v. VIII, p. 167, RE 34.680/RS, em 1958, rel. Min. Nelson Hungria; *RTJ* 70/377, RE 70.870/SP, rel. Min. Aliomar Baleeiro; idem no RE 76.710/AM, de 1973.

constitui sociedade de pessoas". Mas acrescenta: "não podemos, porém, deixar de nos impressionar com a circunstância de que os sócios, na elaboração do contrato social lhe podem dar um cunho capitalístico, quando permitem a cessão de cotas a estranhos, sem a necessária anuência dos demais. Se na sociedade pode ingressar um estranho, é porque os sócios mantêm a sociedade mais em atenção ao seu capital, do que a qualidade pessoal dos companheiros". O mesmo ocorre com as sociedades anônimas fechadas, "que podem tomar um cunho personalista, quando restringem a negociabilidade das ações, estabelecendo que estas somente podem ser vendidas a estranho, após o oferecimento delas aos demais acionistas"[15].

No caso estudado, em meu Parecer não tenho dúvidas de que se cuida de sociedade de natureza personalista, não só as por cotas de responsabilidade limitada, quanto as anônimas de capital fechado.

3 Doações de cotas e de ações de sociedade comercial pelos titulares, validamente feitas

Embora a matéria societária comercial esteja regida por regras do Direito Mercantil, é bom destacar que ela também atende ao disposto nos arts. 623 e seguintes do Código Civil, atual art. 1.314, uma vez que os ex-cônjuges divorciados, mantiveram-se condôminos das ações e das cotas que compunham o patrimônio conjugal, à época da dissolução.

Por esses dispositivos legais, não pode um condômino, sem o consentimento do outro, fazer doação, não sendo remuneratória ou de pequeno valor, com os bens ou rendimentos comuns. Acontece, ainda, que a ex-cônjuge comparece como anuente-condômina, mas não é ela, certamente, mãe do suposto filho de seu ex-marido.

No caso presente, de meu estudo no Parecer, a doação, sob esse item, foi de móveis, representados por cotas e por ações de sociedade comercial.

Acrescente-se que as doações remuneratórias se fizeram por ambos os condôminos ou pelo condômino varão, com a concordância de sua ex-esposa.

Resta nítido, pela simples leitura desses textos, que os doadores agiram, sempre, de modo entrosado, conjunto, pois a ex-esposa, reconhecendo as doações remuneratórias de seu ex-marido, também fez as suas, tudo em reconhecimento do trabalho de seus filhos matrimoniais.

Ambos, premiando esses mesmos filhos, por transferências de cotas e de ações de sociedades familiares, o fizeram em partes iguais e com a preocupação de incluírem os valores doados em suas respectivas partes disponíveis.

Por outro lado, essas transferências de cotas e de ações, já realizadas, e por realizar, tiveram, sempre, a participação conjunta dos condôminos, coproprietários em partes iguais, que firmaram todas elas, em conjunto.

---

15. Op. cit., p. 338.

Essas mesmas transferências de cotas fizeram-se, todas, por alterações do contrato social, devidamente arquivadas na Junta Comercial do Estado de São Paulo; bem como com a cessão das ações, com registro nos livros empresariais, sendo válidas, portanto, nos moldes da legislação comercial em vigência; as que serão feitas deverão obedecer aos mesmos trâmites.

Sim, porque cotas ou ações societárias só se transmitem, nas sociedades de pessoas, de cunho familiar, como as examinadas, com a concordância dos demais sócios, ou acionista, com a indispensável alteração do contrato social, devidamente arquivada na Junta Comercial ou pelo registro de cessão de ações, nos moldes legais. Nem pelo direito sucessório ou por partilha em separação judicial pode adquirir-se o direito de sócio.

Essa a lição contida no acórdão da Terceira Turma do Superior Tribunal de Justiça, por votação unânime, em 14 de dezembro de 1992, no tocante às sociedades por cotas, sendo relator o Ministro Dias Trindade[16], com a seguinte ementa:

> Sociedade por Cotas de Responsabilidade Limitada – Ação de apuração de haveres – Cabimento desta somente a quem seja sócio – Hipótese em que a aquisição das cotas se deu através de partilha em dissolução de casamento – Não equiparação deste adquirente à figura de sócio – Aplicação dos arts. 301 e 334 do C.Com.

Destaque-se, desse mesmo julgado, o seguinte texto do voto do Ministro relator:

> O fato da partilha, contudo, não faz sócio o ex-marido da sócia, dado que não é apenas a aquisição de quotas que impõe a admissão societária, pois que necessário se apresenta o consentimento dos demais sócios e, em complementação, o arquivamento na Junta Comercial da alteração do contrato.

4 Desnecessidade de colação e critério de valoração das cotas dos donatários

No caso sob exame, do Parecer, resta nítida a desnecessidade da colação dos bens doados, que são cotas ou ações de sociedade comercial, tendo sido, expressamente, determinado nas doações que os valores delas devem caber na parte disponível dos doadores.

Além de os atos de doação implicarem cessões e transferências de cotas sociais e de ações, regidas por normas de Direito Comercial, também foram essas doações de caráter remuneratório, aos filhos matrimoniais, que trabalharam, efetivamente, para enriquecer o patrimônio dos doadores.

---

16. *RT* 697/207.

Quanto aos critérios de fixação dos valores dos quinhões, tenha-se presente que o Código Civil, por seu art. 1.787, acolheu a tese da conferência do próprio bem doado, em substância, portanto. Só possibilitava esse dispositivo legal que a colação fosse feita pelo valor, por estimação, dos bens doados, quando, ao tempo do falecimento do doador, os donatários não mais possuíssem ditos bens.

Muito se discutiu sobre a justeza desses critérios, também em face do fenômeno inflacionário, com as normais disparidades de valores, no tempo.

O próprio Código Civil, por ter sido editado em época de estabilidade econômica, possibilitou divergência na doutrina, quanto ao acolhimento de um ou de outro critério (colação em substância ou por estimação a data da doação com a devida correção).

Como visto, atualmente, o cálculo dos bens a serem conferidos é o do tempo da abertura sucessória.

Todavia, no mesmo caso analisado a partilha é em vida.

Resta evidente que o legislador quis converter os bens em valores e quis separar, pelo mesmo critério valorativo, o valor do bem, objeto da colação, das benfeitorias e das acessões feitas pelo donatário ou dotado, com a preocupação de não se misturarem. Realmente, pois os acréscimos feitos por estes, na coisa doada, pertencem ao mesmo donatário ou dotado.

No caso ora estudado, como visto, os valores dos bens transmitidos devem ser apurados no momento da partilha em vida. Na escritura pública global, firmada e consentida em seus expressos termos, para todos os interessados, destinatários dos bens doados, remuneratoriamente, e partilhados.

5 Aplicabilidade das normas de direito comercial

Nas sociedades, em geral, em que existe o somatório de esforços e/ou recursos, para obtenção do fim comum, almejado pelos sócios, a *affectio societatis* é da essência do relacionamento societário.

No caso ora estudado (do Parecer), em que se vislumbra a sociedade por cotas de responsabilidade limitada e a anônima de capital fechado, de cunho eminentemente familiar, essa afeição societária é indispensável ao bom andamento e progresso da empresa.

Por isso, e para fortalecer esse aspecto, decidiu o Superior Tribunal de Justiça, por sua Terceira Turma, sendo relator o Ministro Waldemar Zveiter[17], entre outras matérias, que:

> Ao se perquirir o direito cabível, no caso de transferência de cotas sociais a descendente efetivada por ascendente, ambos sócios da empresa limitada e

---

17. Nos Embargos de Declaração, no REsp 32.246-0/SP, j. 24-8-1993, rejeitados por v.u., mas com voto vencido no REsp, do Min. Eduardo Ribeiro; STJ, Arquivo Geral – Div. de Acórdãos, 18-10-1993, publ. *DJ*.

operacionando a transação sob regência de previsão estatutária, tem-se que a exegese adequada é a que promana do art. 291 do Código Comercial e não as normas do estatuto civil, posto que, só em última instância, segundo a doutrina, estas se fazem incidentes no caso.

Esse venerando acórdão não admitiu efeitos infringentes aos mesmos embargos, mantendo o decidido, por maioria de votos, no mencionado Recurso Especial, cuja ementa assentou:

> Não se aplica a *ratio legis* do art. 1.132 do estatuto civil às transferências de quotas de capital de sociedade limitada, quando esta constituída por pai e filhos, essas ações foram adquiridas por sócio dirigente em razão do aumento do capital social. Trata-se de hipótese de natureza comercial, por isso que escapa ao exame da teleologia do dispositivo civil referido. Pela especificidade da norma de direito comercial, das particularidades do tipo societário regulado (que se aproxima das sociedades por ações de capital fechado), de características das sociedades de pessoas ou contratuais, onde o valor da *affectio societatis* tem preponderância, uma vez que *intuitu personae*, deve-se aplicar o disposto no art. 291 do Código Comercial.

Como é de notar-se, nesse caso, a venda de ascendente para descendente realizada no âmbito societário, do Direito Comercial, foi tida como válida e eficaz, malgrado a proibição contida no art. 1.132 do Código Civil e, inclusive, na Súmula 494 do Supremo Tribunal Federal.

Tenha-se presente, neste passo, o disposto no art. 291 do Código Comercial, que estabelece que

> As leis particulares do comércio, a convenção das partes, sempre que lhes não for contrária, e os usos comerciais, regulam toda a sorte de associação mercantil; não podendo recorrer-se ao direito civil para decisão de qualquer dúvida que se ofereça, senão na falta de lei ou uso comercial.

De ver-se, assim, que toda a matéria societária, com as leis comerciais, que a regulamentam, quase que se basta, no âmbito do Direito Mercantil; pois, ao contrário, as sociedades civis, afora os princípios gerais, que são comuns, revestem, costumeiramente, formas estabelecidas na lei comercial, especialmente nas regras das sociedades por cotas de responsabilidade limitada e nas sociedades anônimas.

Acentua Waldemar Martins Ferreira[18] que:

> A artificialidade do conceito excepcionalista do direito mercantil é evidente. Porque ele se bastou sempre a si mesmo. Ninguém nasce, mas torna-se comerciante. Este,

---

18. *Instituições de direito comercial*. 5. ed. São Paulo: Max Limonad, 1956. 10 v., t. I, p. 90-91.

antes de o ser, não passa de simples cidadão. Apresenta-se, de acordo com a lei de seu estado civil, apto para exercitar o comércio, qualquer outra profissão ou emprego, submetendo-se, no mais, ao regime profissional.

E acrescenta:

> Não é o direito mercantil, só por isso, direito excepcional. Direito especial, no sentido de ser peculiar aos profissionais do comércio, sim. Mas direito autônomo, com matéria própria, conteúdo específico, institutos peculiares e princípios gerais inconfundíveis. O direito civil regula os direitos e obrigações de ordem privada de todos os indivíduos, concernentes a suas pessoas, aos seus bens e às suas relações. Por esse prisma, ele é direito geral. O direito mercantil, porém, especial porque regula, na ordem privada, idênticos direitos, não de todos, mas de alguns indivíduos – os comerciantes.

Destaque-se, nesta feita, que no voto do Ministro Waldemar Zveiter, no acórdão dos Embargos Declaratórios, atrás citado, cita-se longo trecho do livro da Professora Vera Helena de Mello Franco[19], que reproduzi, em parte, admitindo esse mesmo entendimento da doutrina.

Realmente:

> Em princípio, a fonte primeira do Direito Comercial seria o Código Comercial e as leis supervenientes, que o completaram ou derrogaram, ao qual se seguem os regulamentos baixados pelo poder público e as convenções e os tratados internacionais. Estas, no dizer da doutrina, seriam as fontes primárias do Direito Comercial.

E completa essa mesma Professora: "O Direito Comercial é essencialmente pragmático e costumeiro, por isso os usos e costumes comerciais não podem ser deixados de lado, mormente se levando em consideração serem eles a gênese das normas deste direito".

Daí a razão de ser do citado art. 291 do Código Comercial e da legislação, que regula as sociedades comerciais, em especial, neste aludido caso, a das sociedades por cotas de responsabilidade limitada e das anônimas, de capital fechado.

---

19. *Teoria geral do direito comercial*. São Paulo: Maltese, 1993. p. 53-54.

27 PARTILHA

1 Conceito

Pelo inventário, como visto, arrecadam-se os bens da herança, que devem, pela partilha, ser distribuídos entre os herdeiros e demais credores da herança.

A partilha delimita a parte hereditária de cada credor da massa, tendo natureza meramente declaratória ou declarativa, portanto, pois a propriedade dos bens transfere-se a seus herdeiros e legítimos legatários com a morte do autor da herança (*saisine*).

Como visto, a herança é indivisível até a partilha, quando ela se reparte em quotas individuais entre os credores da massa hereditária.

A partilha é, assim, a distribuição ou a partilha ou a divisão da herança entre seus sucessores.

Podem sempre os herdeiros, seus cessionários e credores, requerer a partilha, ainda que proíba o testador.

2 Espécies

Bem esclarece Paulo Nader[1] que a partilha pode ser extrajudicial sem homologação, amigável com homologação ou judicial.

Isso, além da partilha em vida, feita por escritura pública, já por mim estudada, anteriormente, com natureza de conteúdo de doação, com respeito às legítimas dos herdeiros necessários (art. 2.018 do CC).

Cuidarei, nesse passo, da partilha extrajudicial sem homologação, que é fruto da Lei n. 11.441/2007, pela qual a partilha pode realizar-se por escritura pública, cujo instrumento é meio hábil ao registro de imóveis, desde que não existam testamento e herdeiros incapazes.

Deve, então, ser recolhido o imposto de transmissão *causa mortis*, devendo os interessados ser assistidos por advogados, tudo conforme os §§ 1º e 2º do art. 610 do CPC, antigo art. 982 do CPC, com a redação dada pela aludida Lei n. 11.441/2007.

Isso, como já estudamos, nas espécies de inventário extrajudicial.

---

1. Op. cit., p. 512.

Por sua vez, a partilha amigável pode ser feita, se os herdeiros forem capazes, por escritura pública, por termo nos autos, ou escritura particular; nesse caso o acordo de partilha tem de ser homologado, porque as partes estão em juízo (art. 2.015 do CC).

Essa partilha amigável, mesmo depois de transitada em julgado a sentença, pode ser emendada, nos mesmos autos de inventário, convindo a todas as partes, quando tenha havido erro de fato na descrição dos bens, podendo o juiz, a qualquer tempo, provocado ou não (de ofício) corrigir essas inexatidões materiais (art. 656 do CPC).

As partilhas amigáveis *post mortem* ocorrem no curso do inventário ou do arrolamento pela forma prevista no art. 2.015 do CC, desde que os herdeiros sejam capazes[2].

Por outro lado, essa partilha pode ser anulada por dolo, coação, erro essencial ou intervenção de incapaz (art. 657, *caput*, do CPC).

Isso porque a partilha amigável, baseada em acordo dos interessados, apresenta-se com natureza de contrato.

O prazo de anulação é de um ano: "I – no caso de coação, do dia em que ela cessar; II – no caso de erro ou dolo, do dia em que se realizou o ato; quanto ao incapaz, do dia em que cessar a incapacidade" (parágrafo único).

Se houver divergência entre os herdeiros, ou se algum deles for incapaz, a partilha será sempre judicial (art. 2.016 do CC).

Para evitar conflitos, pode o testador indicar os bens e valores que devem compor os quinhões hereditários, deliberando ele mesmo a partilha que prevalecerá, salvo se o valor dos bens não corresponder às quotas estabelecidas (art. 2.014 do CC).

Se a partilha for em vida, por mim já atrás estudado em capítulo próprio, pondera Arnoldo Wald[3] que os bens não estão sujeitos a inventário, porque "a partilha em vida é inventário antecipado".

3 Outras regras

O art. 2.017 do CC menciona que ao serem partilhados os bens da herança, deve-se observar quanto ao seu valor, natureza e qualidade, a maior igualdade possível.

Esse princípio da igualdade que deve ser observado na partilha, na divisão dos bens da herança, é fundamental.

Lembre-se, mais, de que os bens não suscetíveis de divisão cômoda, que não couberem na meação do cônjuge sobrevivente ou no quinhão de um só herdeiro, devem ser vendidos judicialmente, partilhando-se o valor apurado, a não ser que haja acordo para serem adjudicados a todos (art. 2.019 do CC).

---

2. AMORIM, Sebastião Luiz. *Código Civil comentado*. Coord. Álvaro Villaça Azevedo. São Paulo: Atlas, 2004. v. 19, p. 380.
3. O regime jurídico da partilha em vida. *RT* 622/7-15.

Isso, a não ser que o cônjuge sobrevivente ou um dos herdeiros requeiram adjudicação do bem, repondo aos outros em dinheiro, a diferença, após avaliação atualizada (§ 1º).

Se o requerimento for de mais de um herdeiro, deverá utilizar-se do processo de licitação (§ 2º).

Outra regra importante está estampada no art. 2.020 do CC, pela qual os herdeiros que estiverem na posse dos bens da herança, o cônjuge sobrevivente, bem como, acrescento o companheiro ou parceiro, e o inventariante são obrigados a trazer ao acervo os frutos que perceberam, desde a morte do autor da herança; tendo, entretanto, direito ao reembolso das despesas necessárias e úteis (benfeitorias) que fizerem, e respondem pelo dano a que, por culpa ou dolo, derem causa.

4 Sobrepartilha

Elucidam Euclides de Oliveira e Sebastião Amorim[4] que

> Os bens que não tenham sido partilhados no processo do inventário, deverão ser sobrepartilhados nos mesmos autos.
>
> A sobrepartilha nada mais é que um complemento da partilha anteriormente feita, em virtude de, nessa primeira partilha, terem sido omitidos bens que deveriam ser atribuídos aos sucessores.

A matéria é cuidada nos arts. 2.021 e 2.002 do CC.

O Código de Processo Civil prevê a sobrepartilha, em seu art. 669, dos bens: I – sonegados; II – da herança descobertos após a herança; III – litigiosos, assim como os de liquidação difícil ou morosa; IV – situados em lugar remoto da sede do juízo onde se processa o inventário.

Os bens referidos nos incisos III e IV serão reservados à sobrepartilha sob a guarda e a administração do mesmo ou de diverso inventariante, a consentimento da maioria dos herdeiros (parágrafo único).

O art. 2.021 do CC permite que se proceda a posterior sobrepartilha a parte da herança de bens remotos do lugar do inventariante, litigiosos e de liquidação morosa ou difícil, podendo levar-se à partilha os outros bens, para que não se retarde o inventário, reservando-se aqueles a outra ou mais sobrepartilhas, sob a guarda do inventariante ou de outro especialmente nomeado, com o consentimento da maioria dos herdeiros.

E, pelo art. 2.022 do mesmo Código, os bens sonegados e quaisquer outros bens da herança de que se tiver notícia após a partilha, ficarão sujeitos a sobrepartilha.

---

4. Op. cit., p. 391-392.

28 GARANTIA DOS QUINHÕES HEREDITÁRIOS

1 Efeito declaratório ou declarativo da partilha

Pelo art. 1.784 do CC, vimos que a herança se transfere, desde a morte do seu autor, aos seus herdeiros legítimos e testamentários, pelo direito da *saisine*.

Com a partilha, fica o direito de cada um dos herdeiros circunscritos aos bens do seu quinhão, diz o art. 2.023.

Esse artigo só delimita qual a quota ideal de cada herdeiro, que se concretiza nessa delimitação.

Com a abertura sucessória é que os herdeiros adquirem a propriedade e a posse da herança (*saisine*).

Por isso, como visto, é que os herdeiros só têm a sua quota declarada (efeito declaratório ou declarativo), com a partilha, que dissolve o condomínio, que existiu, entre os herdeiros, indivisível, até ela.

Cada herdeiro receberá, transitada em julgado a sentença da partilha, os bens que lhe tocarem e um formal de partilha, contendo o termo de inventariante e o título de herdeiros; a avaliação dos bens que constituíram o quinhão do herdeiro; o pagamento do quinhão hereditário; a quitação dos impostos e a sentença (art. 655 do CPC).

Por outro lado, acrescenta o parágrafo único desse artigo, que o referido formal pode ser substituído por certidão de pagamento do quinhão hereditário, quando esse não exceder a cinco vezes o salário mínimo, caso em que se transcreverá nela a sentença de partilha transitada em julgado.

2 Responsabilidade pela evicção

Se algum bem da massa hereditária pertencente ao quinhão de um herdeiro sofrer evicção, a perda não pode prejudicar esse herdeiro, sob pena de desequilíbrio de quinhões, ocorrendo desigualdade na partilha. Nesse caso, os prejuízos deverão ser divididos, porque os coerdeiros são reciprocamente responsáveis a indenizar-se dos bens aquinhoados (art. 2.024 do CC).

O herdeiro desfalcado em seu patrimônio não pode sofrer pela evicção, ou seja, se for reconhecido judicialmente que esse bem perdido não pertencia ao falecido, mas a terceira pessoa.

Só cessará a responsabilidade mútua, atrás mencionada, se houver convenção em sentido contrário, se a perda resultar de culpa exclusiva do evicto ou por fato posterior à partilha (art. 2.025 do CC).

Assim, o evicto será indenizado pelos coerdeiros na proporção de suas quotas hereditárias. Entretanto, se algum desses coerdeiros se achar insolvente, responderão os demais na mesma proporção, pela parte desse, menos a quota que corresponderia ao indenizado (art. 2.026 do CC).

O evicto será indenizado pelos coerdeiros na proporção de suas quotas hereditárias.

29 ANULAÇÃO DA PARTILHA

1 Casos de anulação da partilha amigável

O Código Civil de 2002 refere-se, certamente, à anulação da partilha e não à nulidade da partilha, como o fazia o Código Civil de 1916.

Assim, reza o art. 2.027 do CC que a partilha, uma vez feita e julgada, "é anulável pelos vícios e defeitos que invalidam, em geral, os negócios jurídicos".

Completa o art. 657 do CPC que:

> a partilha amigável, lavrada em instrumento público, reduzida a termo nos autos do inventário ou constante de escrito particular homologado pelo juiz, pode ser anulada por dolo, coação, erro essencial ou intervenção de incapaz, observado o disposto no § 4º do art. 966.

Integram esses vícios e defeitos, capazes de acarretar a anulação da partilha amigável o erro de fato e de direito, e a ignorância, o dolo, a coação, a lesão subjetiva, o estado de perigo e a fraude contra credores, cuidados na Parte Geral do Código Civil, já que a simulação foi incluída entre as causas de nulidade do CC (art. 167).

Isso porque a partilha amigável, mesmo homologada, não perde sua característica de negócio jurídico.

2 Prazos de prescrição

O direito de anular a partilha amigável extingue-se em um ano (parágrafo único do art. 2.027 do CC).

Esse prazo é de decadência.

O CPC, por seu art. 657, segunda parte, menciona que esse prazo de um ano se extingue, por decadência, "I – no caso de coação do dia em que ela cessou; II – no de erro ou dolo, do dia em que se realizou o ato; III – quanto ao incapaz, do dia em que cessar a incapacidade".

Quanto à partilha nula de pleno direito, que não foi prevista nesse art. 2.027, que é a partilha judicial, decidida por sentença de mérito, sua impugnação só será possível por ação rescisória, observando o art. 966 e seguintes do CPC, extinguindo-se o direito de sua proposição em dois anos, contados do trânsito em julgado da decisão.

Essa ação rescisória será ajuizada com fundamento em algumas das hipóteses do art. 657, ou se houver o preterimento de alguma formalidade legal exigida para a higidez da partilha (arts. 647 e 654 do CPC) ou se houver preterição do herdeiro ou sua indevida inclusão.

Por outro lado, mostrou Zeno Veloso[1] que:

> A jurisprudência já se pacificou no entendimento de que, independentemente da forma em que a partilha foi feita – amigável ou judicialmente – se houver exclusão de herdeiro (que não participou do inventário), está a partilha eivada de nulidade absoluta, e o herdeiro prejudicado não fica adstrito à ação de anulação, nem à rescisória, e seus prazos de decadência, podendo utilizar-se da *querela nullitates*, da ação de nulidade ou de petição de herança, que decisões do STF (RE 97.546-2) e STJ (REsp 45.693-2) afirmam estar sujeita a prazo de prescrição *longi temporis*, de vinte anos, devendo ser observado que, por este Código [2002], o prazo máximo de prescrição é de dez anos (art. 205).

---

1. *Comentários ao Código Civil* cit., p. 443.

REFERÊNCIAS BIBLIOGRÁFICAS

ALMADA, Ney de Mello. *Direito das sucessões*. 2. ed. São Paulo: Brasiliense, 1991. v. 2.

ALPA, Guido. *Istituzioni di diritto privato*. 2. ed. Torino: Utet, 1997.

ALVES, Jones Figueirêdo; DELGADO, Mário Luiz. *Código Civil anotado*. São Paulo: Método, 2005.

ALVIM, Agostinho. *Da doação*. São Paulo: Revista dos Tribunais, 1963.

AMERICANO, Jorge. Fideicomisso por ato entre vivos. *Revista de Direito*, v. 1.

AMORIM, Sebastião Luiz. *Código Civil comentado*. Coord. Álvaro Villaça Azevedo. São Paulo: Atlas, 2004. v. 19.

AMORIM Sebastião; OLIVEIRA, Euclides de. *Inventário e partilhas, direito das sucessões, teoria e prática*. 23. ed. São Paulo: Leud, 2013.

ASCARELLI, Tullio. *Ensaios e pareceres*. São Paulo: Saraiva, 1952.

ASCOLI, Alfredo. *Trattato dele Donazioni*. 2. ed. Milano: Società Editrice Libreria, 1935.

AZEVEDO, Álvaro Villaça. Cláusula de inalienabilidade. Verbete. *Enciclopédia Saraiva do Direito*. São Paulo: Saraiva, 1978. v. 15.

_____. *Curso de direito civil*. Direito das coisas. São Paulo: Atlas, 2014.

_____. *Do concubinato ao casamento de fato*. Belém: Cejup, 1986; 2. ed. 1987.

_____. *Estatuto da família de fato*. 3. ed. São Paulo: Atlas, 2011.

_____. *Teoria geral do direito civil*. Parte geral. *Curso de direito civil*. São Paulo: Atlas, 2012.

AZEVEDO, Armando Dias de. Fideicomisso por ato entre vivos. *Revista Forense* 88/302.

BAPTISTA, Francisco de Paula. *Compêndio de hermenêutica jurídica*. São Paulo: Saraiva, 1984. (Clássicos do Direito Brasileiro.)

BARASSI, Lodovico. *Istituzioni di diritto civile*. 4. ed. Milano: Giuffrè, 1948.

BEVILÁQUA, Clóvis. *Código Civil comentado*. 11. ed. atual. por Achilles e Isaias Beviláqua. Rio de Janeiro: Paulo de Azevedo, 1958. v. IV; 9. ed. 1955; 10. ed. 1958, v. VI.

BIANCA, Massimo C. *Diritto civile*, II. La Famiglia-Le Sucessioni. 2. ed.Milano: Giuffrè, 1989.

BUSSADA,Wilson. *Inventário e partilhas*. Rio: Ed. Rio, 1976. v. II.

CARVALHOSA, Modesto. *Comentários à Lei de Sociedades Anônimas*. São Paulo: Saraiva, 1978. 4. v.

CELSO, D.1.3.17.

COLUSSIO, Vittorio, ver ZATTI; Paulo.

DABUS, Adriana Caldas do Rego Freitas, ver MALUF, Carlos Alberto Dabus.

DELGADO, Mário Luiz; ALVES, Jones Figueirêdo. *Código Civil anotado.* São Paulo: Método, 2005.

DINIZ, Maria Helena. *Curso de direito civil brasileiro.* 6 – Direito das sucessões. 28. ed. São Paulo: Saraiva, 2014.

_____. *Tratado teoria e prática dos contratos.* São Paulo: Saraiva, 1993. v. 2.

ESPÍNOLA, Eduardo. *Manual do Código Civil brasileiro.* 2. ed. Rio de Janeiro: Jacintho Ribeiro dos Santos, 1929. v. III, Parte Primeira.

FERREIRA, Waldemar Martins. *Instituições de direito comercial.* 5. ed. São Paulo: Max Limonad, 1956. 10 v. t. I.

_____. *Tratado de direito comercial.* São Paulo: Saraiva, 1961. 3º v., n. 259.

FRANCO, Vera Helena de Mello. *Teoria geral do direito comercial.* São Paulo: Maltese, 1993.

GALLO, Paolo. *Istituzioni di diritto privato.* Torino: G. Giappichelli, 1999.

GOMES, Orlando. *Direitos reais.* 7. ed. Rio de Janeiro: Forense, 1980.

_____. *Sucessões.* 13. ed. rev., atual. e aument. por Mário Roberto Carvalho de Faria. Coord. Edvaldo Brito. Rio de Janeiro: Forense, 2006.

GONÇALVES, Carlos Roberto. *Direito Civil brasileiro.* 7. ed. São Paulo: Saraiva, 2013. v. 7.

LOPES, Miguel Maria de Serpa. *Curso de direito civil.* 2. ed. Rio de Janeiro: Freitas Bastos, 1957. v. I.

LOPES, Miguel Maria de Serpa. *Curso de direito civil.* 2. ed. Rio de Janeiro: Freitas Bastos, 1957. v. I.

MALUF, Carlos Alberto; DABUS, Adriana Caldas do Rego Freitas. *Curso de direito das sucessões.* São Paulo: Saraiva, 2013.

MANGANO, Domenico. *Istituzioni di diritto privatto.* Ed. Parallelo 38, Reggio Calabria, 1976. v. 2º.

MARTINS, Fran. *Sociedade por cotas no direito estrangeiro e brasileiro.* Rio de Janeiro: Forense, 1960. 1º v., n. 114.

MAXIMILIANO, Carlos. *Direito das sucessões.* 2. ed. Rio de Janeiro: Freitas Bastos, 1942. v. II.

MAY, Gaston. *Éléments de Droit Romain.* 18. ed. Paris: Libr. de Recueil Sirey, 1935.

MENDONÇA, Manoel Ignácio Carvalho de. *Do usufruto, do uso e da habitação no Código Civil brasileiro.* Rio de Janeiro: Cândido de Oliveira, 1922.

MESSINEO, Francesco. *Manuale di diritto civile e commerciale.* 9. ed. Milano: Giuffrè, 1962. v. 6.

MONTEIRO, Washington de Barros. *Curso de direito civil* – Direito das sucessões. 37. ed. atual. por Ana Cristina de Barros Monteiro França Pinto. São Paulo: Saraiva, 2009. v. 6; 39. ed.

_____. *Curso de direito civil* – Direito das sucessões. 11. ed. São Paulo: Saraiva, 1975.

_____. _____. 34. ed., rev. e atual. por Zeno Veloso. São Paulo: Saraiva, 2000. v. 6º.

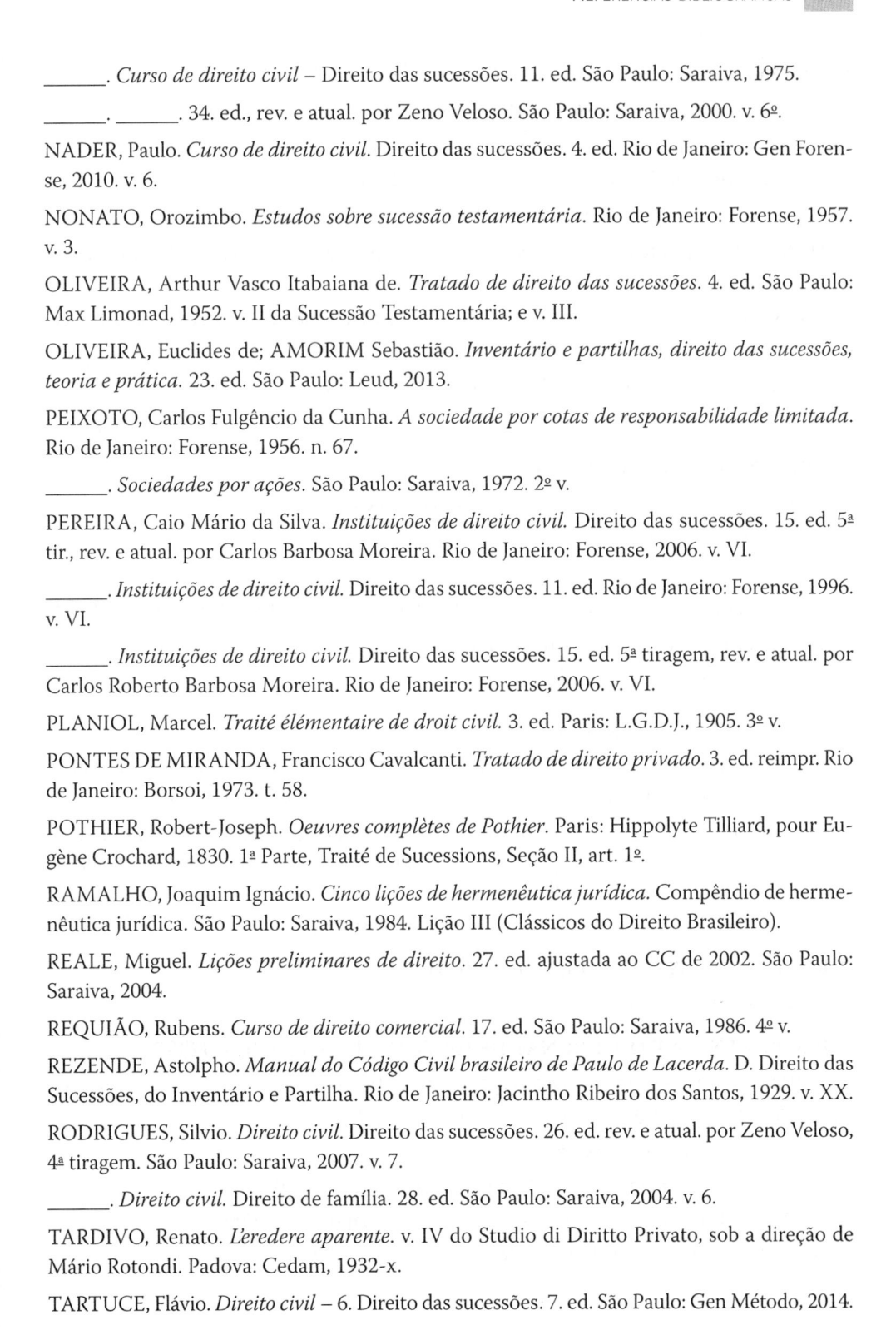

NADER, Paulo. *Curso de direito civil*. Direito das sucessões. 4. ed. Rio de Janeiro: Gen Forense, 2010. v. 6.

NONATO, Orozimbo. *Estudos sobre sucessão testamentária*. Rio de Janeiro: Forense, 1957. v. 3.

OLIVEIRA, Arthur Vasco Itabaiana de. *Tratado de direito das sucessões*. 4. ed. São Paulo: Max Limonad, 1952. v. II da Sucessão Testamentária; e v. III.

OLIVEIRA, Euclides de; AMORIM Sebastião. *Inventário e partilhas, direito das sucessões, teoria e prática*. 23. ed. São Paulo: Leud, 2013.

PEIXOTO, Carlos Fulgêncio da Cunha. *A sociedade por cotas de responsabilidade limitada*. Rio de Janeiro: Forense, 1956. n. 67.

_____. *Sociedades por ações*. São Paulo: Saraiva, 1972. 2º v.

PEREIRA, Caio Mário da Silva. *Instituições de direito civil*. Direito das sucessões. 15. ed. 5ª tir., rev. e atual. por Carlos Barbosa Moreira. Rio de Janeiro: Forense, 2006. v. VI.

_____. *Instituições de direito civil*. Direito das sucessões. 11. ed. Rio de Janeiro: Forense, 1996. v. VI.

_____. *Instituições de direito civil*. Direito das sucessões. 15. ed. 5ª tiragem, rev. e atual. por Carlos Roberto Barbosa Moreira. Rio de Janeiro: Forense, 2006. v. VI.

PLANIOL, Marcel. *Traité élémentaire de droit civil*. 3. ed. Paris: L.G.D.J., 1905. 3º v.

PONTES DE MIRANDA, Francisco Cavalcanti. *Tratado de direito privado*. 3. ed. reimpr. Rio de Janeiro: Borsoi, 1973. t. 58.

POTHIER, Robert-Joseph. *Oeuvres complètes de Pothier*. Paris: Hippolyte Tilliard, pour Eugène Crochard, 1830. 1ª Parte, Traité de Sucessions, Seção II, art. 1º.

RAMALHO, Joaquim Ignácio. *Cinco lições de hermenêutica jurídica*. Compêndio de hermenêutica jurídica. São Paulo: Saraiva, 1984. Lição III (Clássicos do Direito Brasileiro).

REALE, Miguel. *Lições preliminares de direito*. 27. ed. ajustada ao CC de 2002. São Paulo: Saraiva, 2004.

REQUIÃO, Rubens. *Curso de direito comercial*. 17. ed. São Paulo: Saraiva, 1986. 4º v.

REZENDE, Astolpho. *Manual do Código Civil brasileiro de Paulo de Lacerda*. D. Direito das Sucessões, do Inventário e Partilha. Rio de Janeiro: Jacintho Ribeiro dos Santos, 1929. v. XX.

RODRIGUES, Silvio. *Direito civil*. Direito das sucessões. 26. ed. rev. e atual. por Zeno Veloso, 4ª tiragem. São Paulo: Saraiva, 2007. v. 7.

_____. *Direito civil*. Direito de família. 28. ed. São Paulo: Saraiva, 2004. v. 6.

TARDIVO, Renato. *L'eredere aparente*. v. IV do Studio di Diritto Privato, sob a direção de Mário Rotondi. Padova: Cedam, 1932-x.

TARTUCE, Flávio. *Direito civil* – 6. Direito das sucessões. 7. ed. São Paulo: Gen Método, 2014.

TORRANO, Luiz Antonio Alves. *Indignidade e deserdação*. Campinas-SP: Servanda, 2015.

TRABUCCHI, Alberto. *Istituzioni di diritto civile*. 39. ed. Padova: Cedam, 1999.

VELOSO, Zeno. *Comentários ao Código Civil*. Parte especial. Direito das sucessões. Coord. Antonio Junqueira de Azevedo. São Paulo: Saraiva, 2003. v. 21.

_____. *Testamentos*. 2. ed. Belém: Cejup, 1993.

VENOSA, Silvio de Salvo. *Direito civil*. Direito das sucessões. 12. ed. São Paulo: Atlas, 2012. v. 7.

WALD, Arnoldo. *Curso de direito civil brasileiro*. Direito das sucessões. 11. ed. Colab. Roberto Rosas. São Paulo: Revista dos Tribunais, 1997.

_____. O regime jurídico da partilha em vida. *RT* 622/7-15.

ZATTI, Paolo; COLUSSI Vittorio. *Lineamenti di diritto privato*. 6. ed. Padova: Cedam, 1997.

SUPREMO TRIBUNAL FEDERAL

REs 646.721 e 878.694 (com repercussão geral reconhecida, j. 10-9-2017.

RE 87.694, rel. Min. Luis Alberto Barroso.

RE 56.359

RE 1ª Turma, rel. Min. Neri da Silveira, *DJ* 4-8-1995, p. 22.643 – Ementário 1794, 04/00685.

REVISTA TRIMESTRAL DE JURISPRUDÊNCIA (STF)

RTJ 93/243; 44/154; 83/677; 56/369; 52/100; 49/208 e 632; 41/632; 110/1.162;

SUPERIOR TRIBUNAL DE JUSTIÇA

REsp 10020-SP, rel. Min. Cesar Asfor Rocha, 4ª Turma, j. 9-9-1996, *DJ* 14-10-1996, p. 39009.

REsp 303.424-GO, rel. Min. Aldir Passarinho Júnior, 4ª Turma, j. 2-9-2004, *DJ* 13-12-2004, p. 363.

REsp 32.246-0-SP, Embargos de Declaração, rel. Min. Waldemar Zveiter, j. 24-8-1993, rejeitados por v. u., mas com voto vencido no REsp do Min. Eduardo Ribeiro; STJ, Arquivo Geral – Div. de acórdãos, 18-10-1993, Publ. *DJ*.

EDcl no REsp 1361986-SC, 3ª Turma, rel. Min. Nancy Andrighi, j. 24-4-2017, *DJe* 5-5-2014.

JURISPRUDÊNCIA DO TRIBUNAL DE JUSTIÇA

LEX 206/148; 110/162; 94/101;

JURISPRUDÊNCIA DO TRIBUNAL DE JUSTIÇA DE SÃO PAULO (*JTJSP*)

Ap 009.907-4/0-00, 3ª Câm., rel. Des. Mattos Faria, j. 14-11-2000.

Ap 110.559-4/2-00, 4ª Câm., rel. Des. Aguilar Cortez, j. 15-2-2001.

AgIn 96.819-4-Americana, 2ª Câmara.

Ap 91.904-4/1, 4ª Câmara, Des. J.G. Jacobina Rabello, j. 27-1-2000.

AgIn 130.821-4/5, 1ª Câmara, rel. Des. Alexandre Germano, j. 8-2-2000.

Câm. de Direito Privado, rel. Des. Pereira da Silva, j. 9-2-1999.

REVISTA DOS TRIBUNAIS (*RT*)

RT 596/169; 673/168; 183/297; 773/194; 787/223; 785/372; 97/241; 102/645; 152/673; 158/788; 174/786; 185/350 e 682; 258/521; 282/326; 789/222;799/355; 779/292; 777/266; 777/251; 634/70; 450/154; 487/56; 448/97; 443/135; 437/105; 412/158; 391/222; 389/159 e 216 e 223; 386/178; 384/140 e 180; 376/165; 374/173 e 181,366/217; 363/162;349/150; 345/142; 332/235; 317/112; 310/424; 298/224; 266/596; 248/429; 241/178; 237/460; 231/167; 203/363; 195/280; 188/294; 183/319 e 692 e 695; 182/331; 178/918; 177/622; 173/694; 171/614; 167/704; 114/590; 205/575; 487/56; 565/57; 777/266; 779/292; 634/70; 698/156; 727/262; 697/207.

REVISTA FORENSE (*RF*)

RF 143/363; 66/287; 74/479; 101/121; 128/498; 137/118; 140/329; 227/179; 218/163; 140/329.

REVISTA DO SUPERIOR TRIBUNAL DE JUSTIÇA (*RSTJ*)

RSTJ 148/467; 66/395; 31/168; 7/395.

TRIBUNAL DE JUSTIÇA DO RIO GRANDE DO SUL (TJRS)

Ap 70.000.848.614, 7ª Câm., rel. Des. Maria Berenice Dias, j. 9-8-2000.

TRIBUNAL DE JUSTIÇA DO RIO DE JANEIRO (TJRJ)

Ap 22.567/2000, 18ª Câm., rel. Des. Nascimento Póvoas, j. 5-6-2001, com voto vencido, *DORJ* 20-9-2001.

AgIn 00169273220068190000-RJ, 5ª Câm. Cív., rel. Des. Milton Fernandes de Souza, j. 14-6--2006, publ. 26-6-2006.

AgIn 00578448320128190000-RJ, 19ª Câm. Cív., rel. Des. Marcos Alcino de Azevedo Torres, j. 17-1-2013, publ. 22.11.2013.

Ap 00594081220038190001-RJ 11ª Câm. Cív., rel. Des. José Carlos de Figueiredo, j. 15-6-2005, publ. 20-7-2005.

AgIn 2094387201081900000-RJ, 17ª Câm. Cív., rel. Ds. Luisa Bottrel Souza, j. 25-8-2010,publ. 2-9-2010.

TRIBUNAL DE JUSTIÇA DE SÃO PAULO (TJSP)

AI 21401845020158260000-SP, 3ª Câm. de Dir. Privado, rel. Des. Donegá Morandini, j. 15-9--2015, publ. 16-9-2015.

REVISTA DE JURISPRUDÊNCIA DO TRIBUNAL DE JUSTIÇA DO ESTADO DE SÃO PAULO (RJTJESP), LEX

RJTJESP 94/101.

INTERNET

Informativo do STF-AR 1.811-PB

Recivil: Filho adotivo e direito de suceder antes da CF/88.

TRIBUNAL DE JUSTIÇA DE ALÇADA CIVIL (TJAC)

AgIn 99.000.635-2, Câmara Civil, rel. Ciro Facundo, j. 8-11-1999.

CÓDIGO FAMILIAR PARA O ESTADO MEXICANO

de Hidalgo, da autoria de Julián Güitron Fuentevilla.

REVISTA DE DIREITO MERCANTIL (RDM)

v. VIII

RE 34.680-RS, em 1958, rel. Min. Nelson Hungria.

RE 70.870-SP, rel. Min. Aliomar Baleeiro

RE 76.710-AM, de 1973.

ORDENAÇÕES

Livro IV, tít. 80, § 4º

SÚMULAS DO SUPREMO TRIBUNAL FEDERAL (STF)

STF, 112; 113 e 114.